U0575590

青春是华丽乐章的序曲

《作文与考试》杂志社 选编

时代文艺出版社

图书在版编目（CIP）数据

青春是华丽乐章的序曲 /《作文与考试》杂志社选编. 一 长春：时代文艺出版社，2021.3
（青少年校园美文精品集萃丛书.青春伴读系列）

ISBN 978-7-5387-6576-2

Ⅰ.①青… Ⅱ.①作… Ⅲ.①作文－中学－选集 Ⅳ.①H194.5

中国版本图书馆CIP数据核字〔2020〕第262080号

出 品 人　陈　琛

产品总监　邓淑杰

责任编辑　李荣鋆

装帧设计　孙　利

排版制作　隋淑凤

本书著作权、版式和装帧设计受国际版权公约和中华人民共和国著作权法保护

本书所有文字、图片和示意图等专有使用权为时代文艺出版社所有

未事先获得时代文艺出版社许可

本书的任何部分不得以图表、电子、影印、缩拍、录音和其他任何手段

进行复制和转载，违者必究

青春是华丽乐章的序曲

《作文与考试》杂志社 选编

出版发行 / 时代文艺出版社

地址 / 长春市福祉大路5788号　龙腾国际大厦A座15层　邮编 / 130118

总编办 / 0431-81629751　发行部 / 0431-81629755　北京开发部 / 010-63108163

官方微博 / weibo.com / tlapress　天猫旗舰店 / sdwycbsgf.tmall.com

印刷 / 三河市嵩川印刷有限公司

开本 / 880mm×1230mm　1 / 32　字数 / 135千字　印张 / 7

版次 / 2021年3月第1版　印次 / 2021年3月第1次印刷　定价 / 36.00元

图书如有印装错误　请寄回印厂调换

编 委 会

编委会主任：刘翠玲　夏野虹　高　亮

编　　委：钟　平　彭　宇　张　引

　　　　　于智博　高明燕　苗　与

　　　　　李　跃　关晓星　那继永

　　　　　沈　洋　隋元明

Contents

目　录

牵动心灵的声音

流经生命的成长

在 路 上

落 日 遐 思

跟着河流去旅行

牵动心灵的声音

生命的姿势

朱 爽

> 愿你生命中有够多的云翳，来创造一个美丽的黄昏。
>
> ——题记

小小竹尖破土而出，生长、向上，最终长成了挺拔的劲竹；小小青草被狂风吹倒、爬起，终于重新站直；小小溪流涌出山谷，向前奔跑，终于投入大海的怀抱。它们是这样的平凡，却又是这样的美丽，正是这份美丽才具有了天然打动人心的力量。于是，我明白了：生命需要一种姿势，一种承载生命之美的姿势，这样，我们才能彰显生命的价值。

台湾作家简媜曾说："我的固执不是因为对你任何一桩现实的责难，而是对自我生命忠贞不贰的守信。"简媜所说的这份固执又何尝不是一种生命的姿势呢？漫步于历史的长河，屈原自沉汨罗，他以他的固执谱写了一曲回荡千古的爱国之歌；王昭君毅然出塞，她以她的固执成就了汉匈长久的和平盛世；陶渊明不为五斗米折腰，他以他的固执将南山下的菊香丝丝缕缕地沉淀，历久弥香。同样固执的苏武，坚守汉使的职责和气节，被放逐荒凉之地十九年，待到满头白发归国，至死而不悔。他的一生，以飞蛾义无反顾的姿势固执地守望着巍巍故国，谱写了一曲生命的赞歌。原来，古人的这份忠于生命的固执，也是一种承载生命之美的姿势。这份固执是种平凡，更是一种打动人心的美丽……

李白诗云："浮生若梦，为欢几何？"这也许阐释的又是一种生命的姿势吧。这种姿势是笑对生命的坎坷与荆棘，这种姿势是看淡生命的荣华与富贵。因为在生命的长河中，我们总会被暗礁撞得遍体鳞伤，但我们的生命终会奔腾不息，变成大海不可分割的一部分，在浩荡之中再次变得清澈，变得博大，变得宽阔无边。只有给自己的生命一次次梦想，我们的生命才会变成世间万物的一部分，永远生生不息，永远保有美丽的姿势。其实，想想，歌手汪峰在他的《怒放的生命》这首歌里不是也有应答吗？他唱道："……曾经多少次破灭了梦想，如今我已不再感到迷茫，我要我的生命得到解放……我想要怒放的生命，就像矗立在彩虹之巅，就像穿行在璀璨的星河，拥有超越平凡的力量……"生命就是这样，充满着疼痛，充满着欢笑。疼痛也罢，欢笑也罢，这都是生命的一种姿势，那么怎样才能让自己不再感到迷茫？且去看一看两宋之交的李易安吧！她在乱世中漂泊，承受了丧偶的痛苦，在国破家亡的凄凉中残存度日。然而就是这样一个奇女子，笑对生命的坎坷与荆棘，默默地沉浸在自己的诗词国度中，用一曲曲凄美的篇章诉说着生命的喜怒哀乐。这种生命的姿势之所以打动人心，就在于他们对生命淡淡地阅读、淡淡地品味……

品味现实，多少的浮躁，多少的迷茫，促使人们放下了自己生命最美的姿势而去追求生命的虚无，最终导致碌碌一生，甚至被世人唾弃。究其原因，难道不是因为他们少了古人的那份"固执"，那份"淡然"吗？其实，生命需要一种姿势来承载自身的美丽。这种生命的姿势就应该像许巍在《蓝莲花》中唱道的："没有什么能够阻挡，你对自由的向往……"从现在做起，享受面朝大海的生活，感受春暖花开的美丽。愿你我的生活中有足够的云翳，来打造属于我们的生命姿势。

生　动

洪小茹

　　一首歌可以很生动，带有磁性的声音低声吟唱，只有一把吉他、一架钢琴在轻声伴奏，悠扬的旋律，简单却是如此生动感人。

　　一部电影可以很生动，唯美的画面，感人的情节，只要一个眼神的交流，一切尽在不言中。

　　人生同样可以那样生动，就如同一首歌，一部电影，是是非非，一样都有个源头，一样都会有高潮和低谷，不按下播放键永远不会知道下一秒会发生什么。不同的是，人生永远不能被暂停，也没有办法选择快进，只有一步步去感受，去体验，才能够真正体会到人生的生动。

　　怎么样才算是生动？英勇就义，舍己为人；拥有享不尽的财富和权力；或者是选择平平静静地过完这一生？没有办法去评价说什么是好，什么是不好，只在乎一个人自己的选择。

英国前王妃戴安娜忌日那天，一位普通的英国女子马格丽丝与丈夫、孩子一起驱车赶往墓地祭奠。她们曾经都是贫民家庭的孩子，因为在一起做家庭保姆而成了好朋友。一年后，两个人走上了各自选择的道路，戴安娜遇上了查尔斯王子成为王妃，而马格丽丝与男友结了婚，在乡下安了家。

昔日的好友，一个风光无限，一个平平淡淡，谁的人生才算是生动？戴安娜的一生生动吗？是的，她上演了一个现代版灰姑娘的故事，但事实上她却并不快乐，只是在所有镜头前强颜欢笑。马格丽丝的一生不生动吗？也不是吧！至少她能够与一家人一起经营着一家洗衣房，享受着家庭的快乐。

其实说到底，生动与否，只能看你是站在一个怎样的角度去看待人生，你能有理想，并为之奋斗，那么这一生便是生动的。不可能每一个人的一生都是轰轰烈烈的，这所有的繁华背后有多少常人无法看透的心酸？

当你去羡慕别人人生的生动时，请不要忘记去注视他们所走过的路。羡慕那些明星在镜头前的风光，是否看到他们在台下的努力和所承受的舆论的压力；羡慕那些身价过亿的富豪，是否发现每个人背后都有过一段艰苦的生活经历，但却能在危机中抓住机遇……

每一段生动都有它的故事，都是在一点一滴中逐渐升华。其实我们每个人身边都有属于各自的生动，只在于你能否发现。父母的爱，老师的教诲，同学的友谊，这一切都是平淡的，但却能散发出异常炫目的光辉。

生命的播放键已被打开，只看你如何将它演绎得更加生动……

落叶式生命

吴依阳

　　阳光从浓云的缝隙中透射下来，细碎的，暖暖的，撒了满满一大街，仿佛只要一伸手，就能轻而易举地抓住两把。

　　道路两旁落叶洒了一地，在黄昏的金色夕阳中闪耀生命最后的一缕光辉。

　　就像这秋天的落叶，总会在它规定的时间内落下。生命亦复如是，总会在一定时间内消逝。

　　秋天来了，叶子该搬家了。人们总是一致地认为这便是"死"。叶子害怕生命的终结，临死的一刻用尽自己生命最后的一丝呼吸和风厮打，更何况人呢？

　　老人不喜欢我们在他们面前提及"死"，他们害怕死亡，希望在语言上与死抗争，那是因为他们不知死亡的背后其实是生命的归来。

我们死了以后会到哪儿去呢？春天又或许是秋天的时候，我们还会回来吗？不，我们不可能再回来，但生命会回来。如果死亡可以更好地使生命终结，那何不接受"死亡"。即使我们不可能再重新回到这里，但生命会回来享受你以往拥有的一切。

在挣扎中死去，还是静静地接受死亡？答案就在你心中。就像这落叶，在它选择静静地接受死亡往下掉的一瞬间，它第一次看到了整棵树，多么强壮、多么牢靠的树啊！或许我们也是一样，只有到死亡来临的那一刻，才会真正看清属于自己的那一片天空。落叶为自己曾是那大树生命的一部分而感到骄傲，而我们也为自己曾是那大自然生命的一部分，为我们拥有过生命而感到自豪。

雪莱说："冬天来了，春天还会远吗？"你是否看见过这样一幕：在冰雪消融的尽头，初生的嫩芽从一棵大树树顶的枝头冒出来，稀疏寥落，却懂得在风中翩翩起舞，在阳光中慵懒，在细雨中畅饮。或许，生命是会再次回到这里，回到自己原来的位置，成就一棵树的灿烂。

这便是落叶给我们的启示：我们无法逃避死亡，那就学着坦然。假使我们不在了，生命依旧会回来，实现自身的价值。人生就是如此，漫长过后才会懂得，我们只是大自然生命中的一部分，肉体的生命会消失，但灵魂深处的生命会归来，所以，永远不要哀叹生命的短暂，像树叶一样用一生绿着，最后成熟一个金色的梦，静静地等待生命的春天。

后记：总以为死亡离自己很远，直到今天才看清楚，原来自己身边早已上演过许多死亡之剧，只是自己不曾发觉。静静的夜，躺在床上，还在为生命绞尽脑汁，一瞬间，萌发了一种生命无尽的念头。写这篇文章，主要是为了纠正在人们心中根深蒂固的错误，告诉人们生命是会归来的，面对死亡与生命应学会坦然。像树叶一样生，像树叶一样死，用希望淡褪死亡，成就一个灿烂的梦。

安 于 途 中

连玉基

从起点到终点。

感觉生命总是在途中，就像候鸟，总是从南飞到北，又从北飞到南；就像泉水，总是从溪流入河，又从河流入海；就像花草，总是从春长到夏，又从夏长到秋。是的，自离开起点以后，生命就总是在途中。

在时间与空间的途中，而且不管你情愿与不情愿，总是在日渐靠近某个可知或未知的终点。这很自然——有花开就有花谢，有日出就有日落，有起点就有终点。但对一些具体的生命而言，似乎出发就是为了抵达，似乎付出就要结果，于是必经的过程被视作漫长的等待。总是在途中就感到生命最大的煎熬和无奈。

然而，抵达真的那么重要吗？终点真的那么美好吗？等待或许是一种煎熬，然而生命总是在途中真的就无奈吗？水汽抵达天空或许就成了彩虹，蛹到了生命的尽头或许就成了美丽的蝴蝶，但并不是所有的抵达都具有终极的辉煌。花朵的终点是凋谢，道路的终点是绝境，生命的终点通常是死亡。即使水汽是因为抵达天空才成为彩虹，蛹是因为到了生命的尽头才成为蝴蝶，它们也是分别经历了一定的转化和蜕变过程，才各自化为虹和蝶的，是过程成就了它们最终的美。

其实，过程对于任何一个生命都具有至关重要的不可代替的作用。我们甚至可以说，过程即生命，或者说，生命就是一个个过程的完整体现，是无数生活细节的集结，而终点不过是生命的界限，主要用于喻示生命体的完结，它有可能构成生命的升华，却绝不会是生命的目的。

可我们往往将最美好的愿望寄予终极，仿佛美好的风景只在彼岸，而彼岸只是一种过渡，是一段抵达某处的旅途，因此对某处的风景常常忽视并习惯于生命总是在别处。当然，每一至美的终极愿望当然都必须受到肯定，但是生活不只是只有这些，也不该只有这些，活着，也不能只是追求刹那的辉煌和完成某种使命，或是为了去到某个地方而赶一段路——如果生是为了死，就像花朵是为了凋谢才盛开，这样的生命存在的意义还有多大？

生命不是一次简单的奔赴死亡之约，每个高品质的生命，或者有高尚品质愿望的生命，都必须首先做到安于途中。因为生活并不总是在别处，生命也只有在途中才能成其为生命。就像候鸟，只有不停地从南飞到北，又从北飞到南，才构成其一生的迁徙；就像泉水，只有不断从溪流入河，又从河流入海，才体现其自身的运动。

生命也不全是为了抵达，就像泉水，并不是非要到达怎样的地方才算完成使命；就像花草，并不是非要到达哪个季节才算实现价值，因为生命中绝大部分的风景总在途中，生命主要为了经历，就像候鸟，不停地迁徙，就是为了经历季节和风雨；就像泉水，不息地流动就是为了经历交汇和起伏，尽管具体的经历总是显得那么琐碎，那样平凡，那样漫长又那样不胜其烦，但是，恰恰是它们构成了一个个真实的精彩的人生，这才是生命弥足珍贵的状态。

每一个安于途中的生命都将享尽人生。

那 些 万 幸

王玮婷

　　该死的，还是近视了，老师的板书完全看不清；课桌太小，书完全放不下；宿舍总是乱糟糟，不堪入目；男生们比女生还婆婆妈妈，一上自习就聊个不停，还让不让人复习了……

　　抱怨到处都有，这里看不顺眼了，那里惹人心烦了，这里那里，全是讨厌，讨厌，讨厌……

　　于是连好的也变坏，抱怨路上不知道错过了多少美丽风景。

　　看不清的板书，可以下课向同学请教，末了加上一句"一起吃午饭吧？"同学关系和谐万岁。课桌小？书太多？要庆幸我们才高二呢，况且一堆书在面前，难道不让你感觉特有成就感吗？宿舍卫生太差，那就自己来打扫嘛，就当运动减肥了，又减肥又换了个干净环境，何乐而不为？男生烦？就当上自习时自己身为将军，天天在吵闹的军阵中练定力……

万幸！我们只是近视而不是失明。万幸！我们还能坐进课堂，毕竟我们已不在义务教育范围内了。万幸！我们还有宿舍，而不是天天乘一个多小时公车上下学。万幸！我们至少，还活着，可以抱怨种种。

我感谢上天，不止一次地感谢我不美，也没有富裕的家庭，人际关系简单，思想简单，偶尔考虑复杂问题，有爱好、有梦想、有目标，有人爱着我，也有所爱的人，偶尔能让他人感动……

幸亏我不美，所以我对那些充斥着俊男美女的肥皂剧不感兴趣，更不会做麻雀变凤凰的梦。

幸亏我家不富裕，所以比富家小孩儿更早理解生活的艰辛，所以小学时"节约节俭"的评语总是我的骄傲。

幸亏我人际关系简单，所以我有更多的时间来读自己喜欢的书，而不是一到休息天就被一群朋友拉去逛街吃饭或唱K。

万幸，万幸。

或许我的生活在别人看来黯淡无光，毫无精彩之处。的确，我的生活中，没有跌宕起伏似小说的情节，更没有惊险刺激似冒险故事的经历，但平淡不好吗？

就像一片云慢慢滑过淡蓝天空，一杯热茶冒出袅袅雾气，一阵风抚过池塘带起层层涟漪。

万幸，我拥有如此诗意的平淡。人生是一场储蓄，静悄悄地，让你富足。

疏

周 璇

一对磁铁，只有隔开距离，才能感应到对方的力量；两枚露珠，一旦相靠太近，转瞬间便会迷失自我——保持距离，是自然界唯美的法则。

一 处 相 思

她是戴望舒笔下"丁香一般的姑娘"，虽没有绝代的姿容，却拥有足以令那位一代诗狂迷醉的"丁香一样的颜色，丁香一样的芬芳"——可惜她却不爱他。

这位名叫施绛年的女子本着对哥哥挚友的敬仰，勉强接受了他的爱，却仍以距离待之。丁香姑娘是理智的，她知晓自己无波无澜的心，知晓他们的结局必然是分离，与他保持一种疏远的关系也许是最好的办法。而戴望舒呢？

他被一厢情愿的爱情冲昏了头脑，海外留学的两年未听得进半点儿课业，每日一篇的情诗是他全部的精神寄托。姑娘最终的离去我们可以预知，而诗人却从此一蹶不振。

古来单恋皆寂寞，唯有疏者一身轻。我们不否认矢志不渝的爱，但若为无缘无分的爱抛却一切，放弃多年来练就的独立人格，不能不说可悲又可惜。

两 代 有 别

19世纪中期的欧洲，有这样一位特立独行的作家：他用不同的笔名，在不同的刊物上发表了数以百计的文章，才逐渐小有名气，而他偏偏不用足以让他即刻蜚声文坛的本名——小仲马。人们不解地问他，为什么不借助父亲的光环让成功来得更容易些？他沉默的蓝眼睛闪烁出倔强的光芒："我不会站在父亲的踏板上跳跃，我必须完全用自己的能力证明我将跳得比他高！"笔耕不辍春秋数载，小仲马终凭一部《茶花女》超越了大仲马的封顶之作《基督山伯爵》。

疏是一种自信。相信自己的力量足够强大，强大到自成一棵擎天大树，风吹不动雨打不倒，才会倏然一笑曰：我没有光环，我就是光环！

三 看 风 轻

那是乡村里随处可见的青砖烟囱，日复一日喷吐着饱含了香米热气的炊烟。

炊烟袅娜升腾。第一眼看去，它们是聒噪的孩子，一窝蜂地钻出了它们的小世界，急不可待地奔向它们的大未来；我同它们一样兴奋，跃跃欲试地规划着前程。第二眼，它们是稳重的绅士，不苟言笑的脸上目光愈发睿智，阳光下它们平步青云；我也时时刻刻斩获着成功，飞升的速度快得惊人。第三眼，它们不见了，它们是羽化的仙人，在最辉煌的那一刻终于得到了精神的超度；我独立巅峰，恍然大悟，原来生命的制高点便是忘我的境界。

疏看一切尘世宠辱，你的灵魂将变得透明而空灵，而你的思想将更加广阔而深邃。

让人格独立吧，你便拥有了疏的骨；自信追求吧，你便拥有了疏的双目；淡然处世吧，你便拥有了一颗疏然之心。

牵动心灵的声音

张 蒙

一阵阵深重的脚步声在孤寂的空间内响起，充斥着每一个角落，就像一张巨大的罗网，让我无处可逃。

哒，哒，哒……

脚步声仍继续响着，继续刺激着我的耳膜，继续压抑着我的心。我知道，这每一声脚步声里都包含着世间的沧桑，都经历了苦难的岁月，都曾跋山涉水，只为了我的未来。

望着父亲日渐蹒跚的身影，眼角细小的鱼尾纹以及头上渐渐繁多的银丝，眼泪悄无声息地浸满了眼眶，心中也溢满了感动。父亲开始老了，脚步声也渐渐沉重起来。而这一切都在父亲为我奔波忙碌时默默发生了。

还记得那时，天蓝如洗过一般，几朵洁白的云彩镶嵌在其中，在柔和的阳光下透露出一种和谐的气息。

　　我与父亲在喷泉旁嬉笑玩耍，穿梭在水流之间。后来，父亲将我背在背上，绕着喷泉奔跑起来，我则张开双臂，享受着飞翔的感觉。身后的喷泉此时像一朵水莲花，华丽的绽放后归于尘土，却将阳光装点成绚烂的七色彩虹，宛如梦幻世界中。我清楚地记得父亲的脚步声是欢快的，伴随着水滴落地的声音谱成一曲动听的音乐。

　　那年，我五岁，父亲三十岁。

　　生活，仿佛就是在时间洪流中不断地重复上演着，可随着学费的增多，有一些事情仿佛也发生了变化。

　　终于，那一天，父亲决定离开我们一段时间，去外地挣钱。

　　送父亲去车站时，空中恰好飘起了雪花，这一只只小精灵在空中旋转着，跳跃着，却在接触皮肤的一刹那，将丝丝寒意渗入了我的心房，让原本悲伤的心更加悲凉。

　　一路上，我们都没有说话，只听见踩在雪地上发出的细微的脚步声，可我知道，父亲的脚步声中浸满了不舍与无可奈何。

　　那年，我十三岁，父亲三十八岁。

　　从那以后，父亲总是匆匆地回来后又匆匆地离去，一切都是那样的匆忙。可岁月不饶人，父亲的眼角有了鱼尾纹，头上有了飘扬的银丝，脚步也开始蹒跚……

　　现在，我跟随在父亲身后，听着父亲对我的关心与教导，可每听到父亲那沉重的脚步声，我的心灵就会被触动。因为这脚步声记录了父亲所经历过的沧海桑田，留下了岁月的烙印，最重要的是，这是为了我的学费而长期奔走的结果，这让我怎么能不感动。

前方，父亲仍缓缓地行走着。余晖打在他的身上，笼上了一层淡淡的光晕。此时的我，望着父亲的背影，听着父亲愈发沉重的脚步声，心中暗暗地发誓，一定不让父亲失望。

哒，哒，哒……沉重的声音仍传递着，回响着，我的心却久久不能平静。

风，从水中掠过，留下粼粼波纹；阳光，从云中穿过，留下丝丝温暖；岁月，从树林中走过，留下圈圈年轮；父亲的脚步声，从我的心灵中划过，留下了一辈子的痕迹……

阅读故城

李红娟

过完了一个热闹的年，一家人又要分开了。美好的时光总是像长着翅膀的鸟儿，呼啦啦飞过一页页日历。

开学的前一天晚上，我默默地收拾着行李。这时，大姐拿张画进来了，笑着说："路上买的，忘了给你了。"我接过来打开，是一张水彩画。画上粉蓝色的天空上飘着朵朵白云，深黄色的小山坡下是一座小房子，小山坡上开满了白色的蒲公英，正是蒲公英纷飞的时节，大大小小的蒲公英弥漫了整个天地间。

大姐走后，我看着那幅画，鼻子一酸，眼泪已经落下来——明日分别后，我们兄弟姐妹四人何尝不像画中的蒲公英一样，飘散到天南地北，下次团聚遥遥无期。

在家睡的最后一夜，我看着窗外挂在树梢的月牙和满天的繁星，辗转反侧难以入睡。好不容易睡着了，梦里却全是正在飘散的蒲公英。我赤着脚抓啊抓，想拦住四处逃离的蒲公英，合成一朵完整的花。最终在梦中我筋疲力尽，一下子坐到地上哭了起来。

第二天醒来，眼角还挂着泪。清早的阳光明媚，我的心却一片灰暗。大姐二姐送我去公交车站，坐上车后，我隔着玻璃看着即将分离的两个姐姐，眼泪又落了下来。公交车启动了，我看到大姐二姐都泪眼蒙眬。大姐隔着玻璃喊："那幅画背面的字你看了吗？"还没等我回答，车已经走了。我扭着头向车后看，大姐二姐向我挥着手。直到看不见她们，我才回过头来，泪流满面。

过了一会儿，我才想起大姐的话。我从书包里慢慢地拿出那幅蒲公英图，打开，翻到背面，是大姐清秀的字："小妹，我们也像蒲公英，从爸妈那儿长大，再飘散到四方，为了各自的前程和生活，我们只能选择独自打拼。可是小妹，蒲公英并不可悲，也不孤单，离别是为了明天的幸福，而且，任何时候，我们的心都在一起，你并不是孤军奋战。小妹，你要坚强，也要加油！"

我含着泪读完了这段话。抬头看车窗外温暖的阳光，在阳光下似乎有千朵万朵蒲公英朝着蔚蓝的天空飞去，它们笑着挥手离别，不舍却很坚定、孤单却很勇敢地向上飞去。

公交车载着我向前奔跑，前方，是蒲公英的方向，也是我的方向。

苦 菜 花

郭善梅

　　也许你不曾注意她：小小的根须深埋于地下，只有几片已经泛黄的叶子，带着已不明显的锯齿般的花边儿，仍然尽力地擎着那朵好像永不凋零的花朵！对，她就是苦菜花！

　　这令我想起了我的奶奶！童年的我离不开奶奶，一如生机勃勃的苦菜花只能依恋着匍匐在地面的行将干枯的苦菜叶子！

　　因为爸爸妈妈常年不在家，我的童年是在风烛残年的奶奶家度过的。关于童年的零碎记忆，主要是奶奶的怀抱，奶奶的三寸金莲，奶奶的柔弱的双肩……

　　那天，为了分担家务的劳累，奶奶像平常一样，一手担起扁担，一手紧抱着我去邻居家挑水。满满的两桶水和怀中并不老实的我累得奶奶喘不过气来。快到家了，劳累的奶奶打了个趔趄，屋漏偏逢连夜雨，不懂事的我挣得更欢了，奶奶眼中终于又一次地流下了混浊的泪花，不得不扔下了水桶担子，只顾着我这个捣蛋鬼了……

　　那天，弯着已经驼背的腰身，奶奶给下地干活的叔叔烧了两暖瓶热水放在屋里。正值七八岁撩人嫌的我在屋里跟弟弟追来追去，在我回过头来向弟弟咧嘴笑的时候，我的两腿已经碰倒了暖水瓶，随着"嘭嘭"的两声巨响，整间屋子里霎时弥漫了腾腾的热气和惊天动地的哭声！事后才听弟弟说，奶奶听到我们的哭声，扶着墙一跛一跛来到屋里，当时两腿一软就瘫坐在地上，但马上又不知哪来的力气，背上我就往外跑……

　　那天，奶奶对我说，她从小就吃过无数的苦菜花，她的命就像那苦菜花，我说，我会让您将来生活不再凄苦……

　　后来，奶奶瘦弱的双腿终于停了下来，她的双脚再也走不动了，背上的担子再也挑不起来了，三寸金莲再也不会被压得歪来歪去了。贫穷的生活使她不仅不能安度晚年，还得劳累不止，眼花了，背驼了，却还得操持家务照顾子孙，好不容易等到我长大了，我们家的生活变好了，奶奶却不在了。

　　就在那个夏天，就在苦菜花盛开的季节里，奶奶一病不起，最终无声地走了。她的坟前，开满了苦菜花。苦菜花是为奶奶而存在的吗？

　　人去了，花还在。

　　你看，那不是一片苦菜花的海洋吗？黄的，白的……还有蝴蝶呢！

爷

曾春杰

爷吃饭总离不开一小杯白酒。

当那一团团热热的雾气在饭桌上升腾，爷就从桌下掏出他的家常便"酒"。先透过玻璃瓶看看酒的水平线，然后，用坚硬发黄的指甲抠开瓶盖，小心翼翼地倒满白色杯盏。边倒边不时停下来看看水平线的变化。然后，沉稳地一擎，又用坚硬发黄的指甲把瓶盖扣上。扣上后，再仔细端量酒的水平线，用指甲在瓶上刻刻画画，好像在斟酌那瓶酒的饮用期限。一切在心里有底后，就习惯性地发出一声振奋的"嗯"，像是要吃一顿丰盛酒席的满足。

小时候不懂事，看着爷抿着嘴很享受地把一小杯白酒喝个底朝天，心中不免痒痒的，认为那是比瓶装可乐更"可乐"的玩意。爷爷看我把食指塞进小嘴"口水直下三千尺"的样子，放下未沾口的酒杯，习惯性地"嗯"一声，接着说："妮子，尝尝不？"

父亲自然是不同意的，但爷的话，父亲还是难于反对的。于是，我抱起酒杯，像饥饿难耐的人得到好心人送来的美味，不管三七二十一，"咕咚"一口咽下肚，接着就是一阵号啕的哭。

爷一边微张着"门前冷落牙齿稀"的嘴，一边嘿嘿地笑："妮子，知道爷的厉害了吧？"然后一口气喝完剩下的酒，露出骄傲自得的黑灿灿的笑容。我一边哭，一边喊着"坏老头"，好像每嚷一句，就能减少些许的怨气。结果我嚷了很多句，心情似乎平静了，他便跷起二郎腿，身子向椅子上一靠，宣布我的"罪行"。

"妮儿，你知道你哪儿错不？"

我一边翻白眼瞪他，一边装作没听见，可嘴还是吧唧吧唧"坏老头"个不停。

他见我不理睬，但也不中止他一贯吃完饭后的道理"攻击"。他说："不能看别人喜欢自己也眼馋，别人喜欢的合别人脾气，但不一定适合自己，己所欲，也要适施于己……"

一大堆的"迂腐"像枪林弹雨一样火速抛来，一遍一遍。小孩子嘛，最讨厌死板教条了。一听这，我更急了。扒拉一口饭，便要逃离"案发现场"！这时，爷急了，"腾"地站起来。"妮，吃那么快，对肠胃不好！"说着，向我的碗里夹一口菜，"再多吃点儿！"然后待我吃完饭再发表他的"高谈阔论"。我一般是待他说话之前便一溜烟跑出去，留他一人在饭桌上叹气。

时光如白驹过隙一般穿越岁月的沧桑。长大了，然后就很少再听到爷说的"己所欲，也要适施于己"，很少再听到爷口中的"妮儿"了；更别提那句"妮儿，你知道错不？"儿时的那些话，时隔八九年，却如同是在昨天，但也正是那一遍遍"迂腐"的道理让我在人生路上不断改进，引导我走向了一条光明的大道。

深冬悄无声息地淡出了视线，当那一团绿瞬间点燃月光所及之处，一个老头，走进了农田。他的肩上，扛着执着了一生的锄头。这个扛着"迂腐"的锄头执着了一生的老头，带着他的子孙一同迈进他们的良田里！

亲情的二律背反

马雨晴

> 在用理性去认识世界时，会得出两个同时成
> 立又完全相反的结论，从而陷入自相矛盾。
>
> ——二律背反

如果将这个逻辑概念推而广之，那么当我们用理性去认识周围的世界时，所有的一切都是二律背反的，包括最触手可及的亲情。

而在亲情中领衔主演的父母，往往是我们抱怨的对象。

你可能觉得他们对你的爱太有限，有限到不能满足你的全部要求还说你不懂事；你可能觉得他们没有把你成成他们的整个世界，对你的想法不予理睬，对你的执着却冷嘲热讽，横加指责；你可能觉得他们对你的关心是被迫

的，是上辈子欠你的，所以必须毫无保留而你有权利不屑一顾；你可能觉得他们爱你仅仅因为你是他们的孩子，而不是由于血肉相连的亲缘已经斩不断了。

当你自以为是地执着于这些时，你是否该好好想想，亲情也是二律背反的，在亲情的二律背反中，没有唯一的答案，需要的是你的思考与感悟。

正题：他们对你的爱是有限的。

反题：他们对你的爱是无限的。

你总觉得他们对你的爱不够多。

他们的爱似乎只体现在那些有限的东西上，有限的关怀，有限的问候，有限的零用钱，总之一切都是有限的，却忽略了他们这么多年来源源不断地从体内散发出的一种温暖的充实感，一种家的安全感，这些都是他们的爱凝结而成的。而对这些实实在在的爱，你像个精明的商人一样，审视着它到底有几斤几两。你永远难以想象，他们养成一个小小的习惯只是出于对你的迁就，他们戒掉了多年的爱好只是源于对你的纵容，在你身上许多闪烁的可能性成就了他们永恒的改变。

正题：你是他们整个世界的一小部分。

反题：你是他们的整个世界。

你希望你是他们的整个世界。

所以你无法原谅他们因为出去吃饭而把你扔在家里，或忙于工作而无暇照顾你。你会为了一顿冰冷的饭菜而大吼大叫，你会为了他们忘记了你的生日而摔门而去，可是你忘了自己多少次和同学出去玩到很晚，他们为你把饭菜热了又热，你忘了自己从来记不住他们的生日，你为同学庆祝生日时他们守在饭桌前多么寂寞。你把这些都轻描淡写地一带而过，你所需要的，是他们统统围绕着你转，你却悠然自足。而在他们需要你的时候你却可以拍拍屁股走人。

你很少会对他们的脸色、行走时的缓慢动作或身上的一些小伤产生怀疑，好像眼中有自动屏蔽的过滤装置，而相反的是，他们把"你哪儿不舒服？""今天怎么这么没精神？""这个小口子是怎么回事？"问个没完。

总嫌他们唠叨的你，真的不知道。

正题：他们爱你是有原因的。

反题：他们爱你没有理由。

洗衣做饭，打扫房间，忍受你的脾气，照顾你的情绪，为你收拾残局，你真的能心安理得地承受这一切吗？你是否想过，是什么原因让他们耐心地坚持了这么多年？

你自然会说：谁让我是他们的孩子？

你把这看作他们一厢情愿地付出或是一种冰冷的交易。因为你只有到将来才能了解，将一个孩子从剪断脐带养到比自己还高会是怎样的自豪。这样的爱，你能说它有任何的功利性吗？它是没有理由的，没有理由地付出，没有理由地不求你有多大的回报，可就是这样，你还是不能理解。

　　在亲情的二律背反中，最重要的是用理解搭成沟通的桥梁，而当你领悟了它的真谛，你所陷入的不是矛盾，而是用爱构筑的城堡。

流经生命的成长

去感动，去爱

——读《泰戈尔诗选》

刘　昕

这个下午，我读了《泰戈尔诗选》。

文字失落了界限。纸页之间，今日的午后延伸着，融入无数时代前的一个渺远的午后，那里是美的开始。此后，恒河平原上又度过了多少肃穆修行的静静时光，依旧的却仍是风中飘悠的书墨的暗香。

孩子的眼睛——《新月集》

读着读着，会不会，突然忍俊不禁？这个孩子总有这么多怪道理和小脾气：一晃眼，你就再也找不见他与小雀游戏的身影，或者，他要固执地坚信月亮是挂在树枝上的天使，又不然，他便偷偷地怀着不安分的心思要去装个老练的小大人。你刚要对他板下脸，他便一蹦一跳地跑来亲吻你甜蜜的面颊，把流着晨光的小花簪上你的乌发。

笑着笑着，会不会，突然感动？这孩子的眼睛，孩子的世界。蓝的天，绿的草，那红的紫的是花；梦里的仙人和臆想的国王；无际的天宇和斑斓的星岛；清澈的爱和欢喜，天然的美和无所畏惧的勇气。烦恼是什么？烦恼是那每天来递信的邮差怎如此凶神恶煞？

这时的诗人，便是"我"，便是个孩子，哪里有什么大人物呢？他借着孩子的口这样形容自己："你说爸爸写了许多书，但我却不懂得他所写的东西。他整个黄昏读书给你听，但是你真懂得他的意思吗？"那么，当个作家是多么枯燥啊，真正有趣的职业当是做个孩子，孩子的泪水都是在蜜里浸过的。

多么想，沿着时间的来路倒退，回到最初的黄金王国，永不去懂得狰狞和丑恶，快乐没有借口，所有的梦想都不会缺乏飞翔的羽翼。或者，给我一颗像诗人一样不会老去的童心——放任它，让它在夜雾里起飞，驾着鸟儿的脊背，穿过细软的雨，向着摇摆的梦影里的星星前行……去感动，去爱，去美。

虔诚的献歌——《吉檀迦利》

"我这一生永远以诗歌来寻求你。"

诗人合十膜拜，将他一切的一切——飞扬的诗句，无尽的赞美，不灭的忠诚以及圣洁的灵魂——全部贡献到"你"的脚前。

永恒的神，我在诗行里追逐着诗人瞻仰、跪拜、祈祷。那么惊心动魄，令人战栗失语。"当你命令我歌唱的时候，我的心似乎要因着骄傲而炸裂；我仰望你的脸，眼泪涌上我的眼眶里。""只让我的生命简单正直如一支苇笛，让你来吹出音乐。"那么，还有什么可以比这虔诚更接近底线？是什么样尊荣的"你"，值得生命为之粉身碎骨？

诗人那些充盈着"你"的诗，那为"你"而作的一百零三段乐章，令我情不自禁想到晚霞的光华：整个天空都在无声地燃烧，红、黄、蓝、紫之间的变幻是一场汹涌的鏖战，交错间仿佛铮然有声，光的鳞片，飞舞着穿梭在云层中，时明时暗，那液态的光流，恣意向天际渲染过去……那是强大的自然力的游戏，是造物主对世人的昭示，是"你"的衣角。从没有哪一刻比现在更清晰地认识：当我匍匐在自然之神的脚下，我是如此的渺小。

长久地怀着我的小聪明，以为自己已足够明了，偶然会发现微末的愉悦，点滴的美，自信世界也不过如此。直到诗人的吟唱，将这个愚劣的谎言击碎：唯有懂得才会萌生敬畏。智慧的圆越大，圆外的未知才越广袤。认知之深，才有足够的谦卑去仰望。你听得到吗？那里有一种博大震撼的声音，那种从诗人血管里淌出的汩汩之声，叩问着无知的骄傲：有几分虔诚，才有几分深知。而他深深地低首，把鲜花一样的诗贡献到神光辉的脚底。

他说生命可以这样赤忱和尊严，无畏死亡；他说有一种恢宏的美，广收博纳，拥抱一切卑微的、受挫的、扭曲的美，因为自然即完美；他说神的智慧，为那些懂得的人永恒；他说把生命如一首献歌为神明捧出，去感动，去爱，去美。

读至此处，已言尽了。

只有那扉页上目光沉静，蜷着长须的老者，沉沉地凝神冥想。

他的文字穿越了长长的岁月，而笔尖的哲思，如同刚写的诗行，墨迹未干，暗香浮动。

悲 风

——读《青灯》

王 哲

　　北岛的散文集《青灯》，是我在几个月前淘得的。这也算是一段缘分。他的散文记人叙事，运用了独特的理性视角，去探索这背后的种种。理性并非缺乏情感，他的散文像是暗海，表面平静，而这其中有被压抑的急流暗涌，吐出的只有一声低低的叹息。

　　我认为他的散文有三个要素不得不提，分别为：悲哀、流浪、宿命。

悲 哀

到处都是残垣断壁／路，怎么从脚下延伸／

滑进瞳孔的一盏盏路灯／滚出来，并不是星星他们这一代，十年的动荡滋生难以抹去的痛，青年时期的迷惘并未随时间的流逝而消失，反映在文学作品中的往往是伤痕和哀恸。北岛常年在各大洋间行走旅居，接触了各类华人的生活状况，对于时代有更深的忧虑和警醒。他在文中曾这样说道："趋炎附势、追名逐利、男盗女娼、画地为牢——这一切正成为我们文化的主流。"在物质生活不断提高的今天，我们的文化常常更像是一袭华美的袍子，可观望却越来越难触碰。我们之中的多少人还真正地热爱着我们的文化？在这个外来文化侵袭越来越严重的今天，当许多民间技艺后继无人，许多文字开始无病呻吟，我不得不担忧，北岛所说的这句话成真的可能性。

　　我们必须承认，大师辈出的时代已经结束，但文化的传承依然也必须继续。一个民族就像是一幢大厦，文化则是它的根基，文化传承需要群体的力量，而非是几个人的工作。文化之幸，不是成为阳春白雪闲人勿扰，而应成为空气，不可或缺无处不在，这并不意味着需要人人都成为"中国通"，而是希望每个人都能尊重我们的文化（而对自己的文化一无所知也算不上尊重）。文化是一份无形的财富，它充实的，是我们的心灵，是祖先给予我们的最原始的祝福。

流　浪

一只孤狼走进／无人失败的黄昏／鹭鸶在水
上书写／一生一天一个句子

　　对于北岛而言，流浪是个永恒的话题。他生于北京，
在"上山下山运动"中去了河北蔚县，20世纪80年代中期
第一次走出国门来到西柏林，从此越走越远，先后到达英
国、美国、瑞典、荷兰等国，最后于20世纪90年代在美旅
居，诚如这"旅居"二字一样，他依然在流浪。在国外的
数十年，日子或好或坏，对祖国的思念从未有一天停止。
但作为文人的敏感，他也渐渐察觉，自己所思念的，究竟
是记忆中的故国还是其他？在这二十年中，祖国的变化翻
天覆地，他所熟悉的院落、胡同还在原处安睡吗？他所熟
悉的人呢？回首间，这数十年的岁月变成了一道深堑，将
自己与祖国分隔。正如他在文中所说："我知道，回家的
路断了，我再也没有家了，只能背井离乡越走越远。"这
种流浪带着几分苍凉的意味。

　　在国外，文化和社会形态不同所造成的差异无处不
在。即使是看似成功的背后，于灯红酒绿之中抽身离开，
依然是孑然一身。异乡再美，也时常有格格不入的感觉；
在熙攘的人群中依然茕茕孑立，能抱紧的，除了自己，便

是影子。这孤独，清晰存在，无法抹去。只能越走越远，
让行走代替思考。

宿 命

一切都是命运／一切都是烟云

　　宿命这个带着哲学意味与神秘色彩的词，一直都是个
经久不衰的热点话题，特别是在文学创作中。这世界包含
了太多的"想不到"，正如当初这个在河北建筑工地干活
的青年断不会想到，多年以后，自己就会去往大洋彼岸。
而当初的我也绝不会想到一本最初只是因为封面的缘故而
买下的一本他的著作，却在多年之后真正喜欢上他的文
字。其中的缘故恐怕只有天知道，所以我们称之为宿命。
科学无法解释全部，所以那些偶然与意外的事，便多归为
宿命，这在他的文中也时有出现。这二字的提出，不仅是
源于他身上悲观思想的影响，同时也与他的经历有关。他
与中华人民共和国同年诞生，这期间的激情与骄傲、酸苦
与喜悦、挫折与彷徨，都一起经历过，这无疑对他的创作
产生了深远的影响，"宿命"二字，是他在经历种种之后
的低头。但我更愿意相信，若宿命存在，那么它存在的最
大意义，便是值得我们去摧毁，去冲破，这是属于年少的
狂语。或许多年以后的我会向生活低头，会嘲笑曾经的狂

妄无知，但至少此刻的我知道，这份心情的真实。

这一代人，有着与祖国最深的牵绊和烙印，生活的悲喜，命运的无常，还历历在目，转眼便已是六十年，像是一阵悲风，带走了眼泪，而曾经的话语还依稀在耳边回响：

"过去的已经过去，未来的尚且遥远，对于我们这代人来讲，今天，只有今天。"

理性到来之前

——评《穿条纹睡衣的男孩儿》

薛烨骅

透过八岁男孩儿的眼睛观望这个世界，你会看到什么？在德国男孩儿布鲁诺的眼里，是蓝天白云，是温暖的阳光，是与朋友们在街上的"飞翔"。他的世界如此单纯，而在他的朋友——一个同样八岁的犹太男孩儿施穆尔眼中，世界只是一个集中营，有的只是凶狠的看守和干不完的活儿。

"在黑暗的理性到来之前，用以丈量童年的是听觉、嗅觉以及视觉。"电影以英国诗人贝哲曼的这句话开始，为整部电影定下了基调。

黑暗的理性在我们每个人体内，在某个特定时刻就会慢慢萌发。年龄越大，就越可能有所谓的"理性"告诉我们该如何顺从社会，该如何世故，甚至有时会成为我们的信仰，以致让我们最终迷失其中。

所以布鲁诺的姐姐才会丢掉洋娃娃，在房间贴满纳粹的宣传海报并告诉弟弟犹太人活该受苦；所以布鲁诺的父亲才会用"军人的职责"来掩盖自己屠杀犹太人的罪行。所有所谓的"理性"，已经披上了各种外衣，使每个人沉溺其中不能自拔，忘却的都是每个人与生俱来的孩童时期的质朴与天真。布鲁诺通过单纯的天性感受到：探险是伟大的，"削土豆的老人"是个好人，施穆尔是他的好朋友。他相信自己的眼睛看到的都是真实的，所以他才会单纯到看到父亲虚构的集中营里犹太人快乐的生活影片之后去动情地拥抱父亲；所以他才会把囚衣看作是"睡衣"，才没有预料到从他们搬到这个所谓的"农场"，他的命运已然随之改变。

世界在变，可布鲁诺的单纯从未变过。当他的家庭教师灌输犹太人是恶魔，是破坏德国人生活的源头时，布鲁诺的单纯再次闪现。"那……总会有好的犹太人。""如果你发现一个犹太人是好人，那么你就是这个世界上最伟大的探险家。"所以，他做了一个决定，开始了他生命中最伟大也是最后的探险。

他穿上了"条纹睡衣"，跟着他的犹太朋友一起随着其他囚徒走进了毒气室。他不知道自己要去的是哪里，只是紧紧握住伙伴的手，帮他寻找失踪的父亲。当黑色的毒气灌入之后，我们的穿着条纹睡衣的男孩儿，和他的朋友——一个同样善良的犹太男孩儿，永远留在了他们的八岁童年，也永远留在了他们纯净的童话里。集中营外，当布鲁诺的父亲绝望地看着自己心爱的儿子离开自己，不知道他是否思考过，自己的"理性"是不是真的正确。

布鲁诺直到生命最后一刻恐怕也不明白很多事情，可那又有什么关系，金色阳光下的快乐"飞翔"将永存于他的脑海之中。

他用嗅觉、听觉和视觉编织了自己的童年，而成年人也该重新审视，抛弃了人性的温情，理性能够走多远？

字字关情句句真

——读《人生若只如初见》

陈碧颖

"人生若只如初见，何事秋风悲画扇？"

初读此句，就似有一种淡淡的忧伤。只是，若要再深刻下去，我便怅然无措。这些诗词掩藏下的是怎样的人，怎样的故事，怎样的情，我不知道。于是，纵然重复至深刻在心，总还是少了些什么。

诗词，那么古典的称谓，于我眼中，它仿佛成了高雅文学的代名词。我距离它好遥远。一条不可逾越的鸿沟就在我心中形成。我试图追寻，却恍然发现，彼岸盛开美丽的花朵，竟是我无法触及的。毕竟，我读不懂，我也不曾属于那个世界。一旦最初附庸风雅的新奇被枯燥的理解取缔，我会渐渐失去探索的兴趣。

她，安意如，一个具有古典气息的女子向我提示了那个不曾了解的世界。每首诗词背后都有它的喜怒哀乐。即使是再愁苦的文字，也可以拥有一个动人的故事。

我似乎沉沦了。若说，她的文字无关风月，可是字里行间皆是情；若说她的文字即是解诗，可是你无从寻找那呆板的翻译。原来，诗中本有情，解诗，便是解情，解诗人的感情。诗人将诗视作婴儿，投入心血，投入汗水，筑就了诗那有灵魂的喜怒哀乐。那是一种无形的精神。而她，只是一个善于洞察诗人内心的传递者，她像一个在诗中探索乐趣的执着的孩子，那窥探到诗中奥秘的乐趣让她暗自欣喜。然后，她一笔一笔记录着诗，也记录着情，也记录着自己。她传递着，展现了那个诗背后的世界，将故事绘声绘色地描述出来。不知不觉中，我似乎就懂了。或许，她用她的视角解读诗的含义不一定全然正确。但因她，诗不再是干涩难咽的文言文。她以新的方式提供了我们新的阅读诗的视角。

复读，人生若只如初见，我恍然明白了，这里的忧伤缘自一种遗憾，一种心痛，一种无奈。人生若只如初见，是否，每时每刻都能拥有最初的美好。是呀，最初的开始总是以美好渲染氛围，殊不知最后的结果会是这样的无力苍白。

曾经想过，帝王的爱会是惊心动魄的。只是，于班婕好，却是那样的淡于水。一时恩宠，转眼即逝，当她服侍太后时，是否依然回忆起当初的浓情蜜意。阵阵冷风，阵阵叹息，那深似大海的宫门湮没了她一生的幸福。心痛伴随着结果终于结束，在最后一刻，眼前耳畔似乎还是有他的音容笑貌。人生若只如初见，如果可以，就让我忘记后来的后来，只记得昔日，我们的琴瑟和鸣、山盟海誓便好。忘却一切，因为，我们终于还是在一起了，重新开始，好吗？请等我！不知道，这会不会是她最后所念想的。

人生若只如初见，这句话似有一种魔力，它平淡无奇，可是，却又有多少人为此不断追忆，追忆相遇的那一刻，或是灿烂的晴天，或是缠绵的雨天，共同拥有的都是那份纯洁美好。世事不断变化，人处在其间，懵懂地走着，看不清终点处等待的会是怎样的结局。是呀，命运怎会让你知道它最终的安排。多少年后，想必每个人都忍不住叹一句，人生若只如初见，多好，就像安意如所说的，没有开始，就没有结束。

流经生命的成长

——读《红瓦黑瓦》

梅小思

　　成长像是一条河，我们蹚着河水前进，在地转偏向力的作用下，河流左偏或右偏，那些冲刷而成的大大小小的河滩，都是我们成长的痕迹，只是水流不可能回头。

　　《红瓦黑瓦》中，我是喜欢夏莲香的。依稀记得夏莲香被关进小屋子时，她也咬着嘴唇说不害怕，只是在见着林冰时让他帮忙摘了一捧蓝花。蓝花的种类、模样、姿态，作者只字未提，它的一切只是一个谜。夏莲香却爱戴这种蓝花，正如作者所写，愈发显得她"浅显、孩子气，亦给人一种安静的最浪漫的、遥远的、梦幻的感觉"。也曾想过，那样的蓝花大概是牵牛，不小却张扬的喇叭状，淡蓝却明朗的色彩，时光仿佛静止了，只悄然定格在她与蓝花相映成趣的静谧画面上。

在夏莲香一生最美好的时光里，她的生活也是不安分的。那个敢爱敢恨的女子，可以因为喜欢杨文富，不顾众人的目光，每天等他一起回家，哪怕是在"文革"时期，哪怕杨文富也被视为"反动派"，哪怕"乔按们"吓唬、威胁她；也可以因为后来讨厌杨文富，为摆脱与他的婚姻，承受父亲一次又一次的毒打，哪怕最温馨的家成了内心最恐惧的地方，哪怕杨文富一而再，再而三地讨好她，哪怕心灵变得惶恐无助。夏莲香是喜欢过林冰的，当林冰像个孩子般爬上树帮她降低晾衣绳，当林冰紧张地牵她的手过桥，当他俩肩并肩走在黑夜中的麦田里。月色迷茫中，她借着酒劲儿搂了林冰，朦胧的情愫在各自心头涌起，而后慢慢消逝，萦绕在彼此脑中的只剩一个模糊羞涩的光圈，在岁月中慢慢沉淀，而他们早已成长。

我想起了岩井俊二，这位擅长刻画青春期少男少女内心活动的导演，在他的影片里也有一望无际的麦田，青色的，浓郁的，温柔的。强劲的麦浪载着沉默的少年，将他推入成人世界。那是一个冰冷仇恨的世界，当少年发现自己格格不入时，被人欺负仍是沉默，可已学会将报复的种子深埋心底，待内心的怨恨积累得足够它们成长时，便潜滋暗长得一发不可收拾。最后，芽儿长成了大树，却被制成了木剑，在刺向别人的那一瞬，自己也轰然倒塌。谁对谁错？谁爱上谁？该恨谁？谁又是谁的谁？——青春的悸动没有理由，不得而知。

《红瓦黑瓦》的最后，那些曾经一起奔跑、一起呐喊、一起玩闹又一起成长的他们，都各自散落天涯（这里指走上不同道路），只因他们已成长。无可言喻的过往都结成了一个厚厚的痂，深藏在我们内心最深处的角落，老了、倦了、累了时，想打开它看看，只有清晰的疤痕和刻骨铭心的疼痛，它们无不提醒自己：一直在成长，即便再不舍也只能作罢。如同《阳光灿烂的日子》，马小军也帮自己喜欢的女生洗头，与最好的朋友们打闹，一个人在做一些荒唐的事，此时，阳光正好。但其实，影片的一开始，那个忧伤浑厚的独白是中年马小军慢慢回忆的声音。

　　成长是一条奔流不息的河，我们都是过河人，但都仅此一次，人不可能两次踏进同一条河流。

在文化和历史之间艰难行进

——读余秋雨《问学》

谈熙祯

从前总是纸上谈兵式地说着中国文化。

文化到底是什么？

没有答案。或许我们的文化太依赖历史，而经过历史的洗礼，这些文化无形地内化到人。历史无法不老，可它还有可能年轻。但是到了现代，空留博大精深的框子。

余秋雨行走在中华大地，用其独特的观察力和洞悉力去深思这古老民族的深层文化，用细腻的笔触，讲述这趟巡视华夏文化的"苦旅"，道给我们一处处令人流连忘返的风景名胜与历史古迹在它们的背后的深层含义。

《问学》可以说是散文式的文化通史、文化课堂，如果说这是又一次文化的旅行，大概只有感受到苦涩和苍老，才是对文化最亲密的接触。余秋雨在《文化苦旅》自序中写道："一提笔就年数陡增，是个白发老人。"我想在文化的这个世界，对其理解的角度和深度就决定了一个人的心理年龄吧！确实，稚嫩的我们，需要这样的打磨，在问与学的这个课堂里，为我们的人生回忆增添声色和情致。如果说中国文化是太平洋的话，那么余秋雨就是一个航海家，而我也勉强算得上是他的小追随者。

说到底，我们需要让文化的步履在心里烙下印记。在悠久灿烂的中华文化里，感到无比厚重。甲骨文出土前后的介绍以及夏、商、周三代的青铜器文化，让我感受到远古文明召唤的强大神秘力量。老子、孔子、墨子、庄子那百家争鸣的时代是中国文化焕发勃勃生机的时代，驻足仰望，让我久久无法释怀。而现在，那份文化氛围似乎已经永远地消失在中国的精神领域中，真的成为了历史，遥远的历史。

这不能不使人感到惆怅。于是，站在余秋雨的角度上，用批判的眼光来看我国的文化，思想上有了跌宕，让人感受到苦涩。中国个别官员的目光短浅，外国冒险家的掠夺……不可否认的，我们的文化在流失，流失在现代——作为一个民族的后代，即使不是文物和文化保护的专家，也应闻之有所思，问之有所学，更应在心中唤醒民族意识。如果是这样，那么，博大精深才不会成为讽刺。为什么不让它沉淀在每个人的心底，内化在思想里呢？

我们看到，有些人的确是为之努力着。

除了余秋雨亲身游历后的讲述，还有易中天的独辟蹊径。在电视上，妙说三国，运用"俗不可耐"的语言、声情并茂的表演，有趣地还原了历史的本来面目。滚滚长江东逝水，某种角度上讲，我认为这是为了唤醒现代人对历史文化兴趣而做的妥协。

20世纪80年代中期之后，巴金研究的学术空间得到了很大的拓展，许多研究者已不满足于仅把巴金当作一个作家来认识，而开始把其当作一种文化现象，力图在文化的层面上对其进行更为全面的考察。显然巴金对正在生成的中国现代文化的影响颇为重大。

好像文化总是很沉重的。翻新它，推动它，少不了大兴土木，大动干戈，为了文化的延续，需要整个民族建立对历史的尊敬，对自己民族的思考，以及对文化的渴望。

一面旗帜可以代表一个国家，却没有任何一面旗帜能够代表一个民族。

除了它自己。

渐　变

张　鑫

时间就是这样，一年一年、一月一月、一日一日、一时一时、一分一分、一秒一秒地渐进。跟着时间渐进的脚步，你发现什么了吗？

政治学家威尔逊和犯罪学家凯琳曾提出一个破窗理论。这个理论认为：如果有人打坏了一个建筑物的窗户玻璃，而且这扇破窗户又得不到及时的维修，别人就可能受到某些暗示性的纵容去打烂更多的窗户玻璃。久而久之，这些破窗户就给人造成一种无序的感觉。结果在这种公众麻木不仁的氛围中，渐渐地，犯罪就会滋生、泛滥。

很多时候我们从来不会想未来的自己和现在有多大的区别。很多人也会昂首挺胸地说：我就是我，什么都改变不了。其实，我们自身的变化有时是不被我们所主观控制和察觉的。

现实当中难道缺乏这样的例子吗？巨富的纨绔子弟因挥霍而渐渐倾家荡产，变为贫者；贫者只能做佣工，佣工往往变成奴隶，奴隶容易变为无赖，无赖与乞丐相去甚近，乞丐不妨做偷儿……他本人会感到什么强烈的刺激吗？不会！因为他不是从一个千金之子突然就变成了乞丐或者偷儿。人似乎就是这样，在十几年二十几年中，渐渐地，能够承受得住境遇的衰变了吧。

哲学上也有"秃头论证"的理论。成为秃头的界限是头发一万根？一百根？十根？一根？或者一根也没有？我们无法确认。但可以肯定的是，当一个人的头发还剩下一百根、十根时，人们早已毫不迟疑地公认其为秃头了。突变，是在人们不知不觉地渐变中发生的。当量变积累到一定程度的时候，就会很快地引起质变。而当你惊觉的时候，恐怕事物的性质早已走到了反面了吧！

想到近代中国与日本的战争，我不禁有些后怕。日本欲鲸吞中国，仿佛就是将中国这只大青蛙放入了滚烫的油锅当中。这激起了中国全国人民全力的反抗。这只大青蛙扑腾着，挣扎着，拼尽全力地从这滚烫的油锅里跳出来。纵使它的一些身体部位被灼伤，被烫烂，但终究还是保住了性命。国歌中唱道："中华民族到了最危险的时候，每个人被迫着发出最后的吼声……"

最后，我想起了鲁迅先生，他曾痛苦地说：铁屋子里的人由昏睡渐入死亡，是没有痛苦的。他一生呐喊半世彷徨只为唤醒人们，来打破这铁屋子。

只是不知道，我们醒了没有……

神 之 手

汤倩云

有朋友问我，如果你会拥有且只能拥有一种超能力，那么你最希望拥有哪一种？

我当即回答：拥有一双仅凭触摸就能治愈任何疾病为天下人解除病痛的神之手。

语毕，我却立刻陷入沉默，因为我无法想象我真的拥有了这种能力会给这世界带来什么。

无数的人恐怕会因此而陷入一种怪圈——世界各地的病人会来找我为他们祛除疾患，科学家们渴望用我的细胞去克隆出与我有同样功力的人，政治家们想利用我来增强威信满足野心把持朝政，军事家们会用我为他们麾下那些浴血疆场的士兵击退死神……我会被绑架，被胁迫，被折磨，为了某个或某些需要被救治的人。若有人被刺杀，而我在他身旁却见死不救，那人仿佛就是我杀的；如果有多人同时生命垂危，我却只救了其中的几个，人们对我的谩骂便足以让我羞愧至死……

那些怀揣一颗正义之心，一点儿也见不得社会纷乱、国家动荡的警察们也许会紧锣密鼓地筹划着处置我的计划，因为我能使大众疯狂，能让社会骚乱，而我最为妥善的结局应当是从这个世界上永远地消失。但让我从这个世界上消失却是一件麻烦的事，因为我有一双能治好自己的手，所以要除掉我必须实行秒杀，即一击致命，让子弹瞬间击中我的大脑或心脏让我完全没有为自己疗伤的机会。

人们一定希望早日制订出一部《神之手法》，好将我的这种能力国有化，即交由国家（实际上也就是他们这帮人）管理，公民可以通过合法程序申请我为他们治疗。当然，患脂肪肝、高血脂每天为饮食发愁的议长和司法局长会排在第一批治疗的名单上。

当我坐在我的诊所，小孩儿、青年、中年和老人，假如他们同时到来向我求救，我究竟应当先治哪一个？当富有的人和贫穷的人一同光临，我到底先治哪种人？罪犯该不该治？政见与国家领导人不同的人该不该治？与我有过过节的人该不该治？甚至我的仇人该不该治？

——虽然我有一双能治疗一切疾患的神之手，但我却没有一副能与之匹配的大脑。我无法回答我自己的诘问，所以我最终只能砍下自己的双手向这个世界谢罪。

奔

叶万安

男人启程了。他飞快地奔跑起来。他无暇顾及欣赏两边的景色，因为他的行程很漫长。有多漫长呢？他也说不清楚。

男人要追上天边那只火球，那只被众生称之为日，自东而起，自西而下，普天地而万物生光辉的一轮太阳。他要把它搬到地上，这样世界上就永远没有黑暗，永远不会冰冷了。

男人飞快地奔跑着。有雁群从他头上飞过，他的速度不及雁群，不一会儿，雁群就消失在天的尽头，消失在日光之中。男人便想，如果我有翅膀该多好啊，那样我可以一下子就飞到火球那边去，才不用这样吃力地跑呢。可是想归想，男人终没长出翅膀来，男人还得不断地跑着。他又不禁想到人类的渺小，月圆月缺，斗转星移，皆为人之无法左右；春华秋实，夏雨冬雪，让人只可望洋兴叹。于是，男人的步伐更加坚定了。"我这就去为人类干一件伟大的事！"男人凝视着远方的日，早已大汗淋漓，气喘吁吁。

男人飞快地奔跑着。他低头喘息的时候注意到脚下一支长长的蚁队，蚁队很庞大，正浩浩荡荡地赶往某处。是要赶往何处呢？男人不清楚，正如蚁队也不清楚男人要赶往何处一样。男人得意地笑了笑，自己可是赶去干一件伟大的事呢。可劳累使他再无多余力气去牵起一丝笑容，而步伐却在持续，似乎永不知疲倦，似乎支撑着脚步的不是力气，而是某种别的东西。男人忽而又觉得人类很伟大。人类会裁衣会写字画画、会治病、会建木头或黄土的房子，人类还有最美丽的笑容和最动人的眼泪，可人类为什么不能让太阳永远都不落下呢？也许能的，他现在就要去证明。但是火球渐渐暗淡下去了，它已经沉到西边。男人想要再快点儿，再快点儿，否则太阳又要落下，黑暗又要来临了。可是想归想，男人终于没能跑得更快，只是他的脚步越来越沉，越来越缓，最后，男人倒了下来。

男人的奔跑终是停止了，他从没想到自己会停下，从没想到。

男人后来好像化成了一片森林，那森林叫什么我忘了，我只是记得男人叫夸父，也仅是记得，支撑男人奔跑在这个未知旅途的力量，是一种伟大。

淡烟疏雨浅吟越

苏毓敏

江南是梦中的天堂。

何止一次，在我的梦中，有那斜斜的花针雨飘过，细如针尖的雨丝疏疏落落，抚上错落的白墙，濡湿玲珑的檐角，掠过柔风中曼舞的柳条，沾上纤纤幽幽的馨香，慢慢飘向黛色深处。细雨远了，远了，在视野的尽头似乎蒙上了一层淡淡的轻烟。轻烟弥漫着，渐渐地漫散开来，不知何时，我已被这逸着清幽馨香的轻烟笼罩了。

那就沉醉下去吧，我总是对自己如是说。

总是会沉醉的，在这淡烟疏雨的萦绕下，静静地看着素墙青瓦，轻轻地呼吸着幽幽花香，谁能不沉醉呢？

沉醉了，沉醉了……

沉醉中却总不能心安。这淡烟疏雨花香中，还缺了什么吧？

在如尘的记忆中，我努力搜寻。

忽然，耳畔掠过笙板月琴的清音，是她吗？我的心骤然一颤。

凝神谛听，不错，是江南的越韵！

细腻柔婉的曲调悠扬着，是江南一贯的风格。那声音似温温袅袅的莺语婉转在我耳际。莫不是清风吹动了檐前铁马，叮当成调？莫不是远处佳人步摇得宝髻玲珑？莫不是暮霭中裙袂拖得环珮叮咚？莫不是那梵王宫殿里报更的夜鸣钟？似乎是，又似乎不是。

那声音清丽而端庄，柔婉而不媚，如诗般清雅，似酒样绵长。

她不是高声如清风朗月鹤唳空，却像是那落花流水自溶溶；

她不是铁板铜琶大江东去歌，而是那绿女红牙晓风残月吟。

除了杏花烟雨的江南滋养大的越剧，谁还能有这般神韵？

越剧，和养育她的江南一样，流转着水乡盈盈的气韵，逸散着那疏雨中幽幽的馨香。宛如一位细眉秀目的丁香般的女子，哀怨惆怅，又好似河畔夕阳中金柳下那婉转秋波的新娘，娇羞青涩。她是沾衣欲湿的杏花雨，是那吹面不寒的杨柳风！

每次聆听越剧的清韵，她都会揉碎我沉醉在清月中的梦，让我的心随了她而跳动。

那古旧的戏台是搭在水中的楼阁，朱漆早已不再鲜艳，斑斑驳驳地碎在或许是梨木的台上。檐头的铁马也现锈迹，不知能在江南的斜风细雨中继续多久原来的叮当。隔着满载落花的浅潭，我凝望着潭中近在咫尺却不可即的老戏台，痴想。

台上最使人动情的怕是那凄婉的《梁祝》吧？《楼台会》中获悉逼嫁的震惊，缠绵悱恻的《十相思》，山伯的苦酒，英台的悲泪，更有《哭灵》中那惊鸟落花、感天动地的哀恸，怕是只有江南的越剧才能诠释的了。而山伯与英台的芳魂，也定会在江南柔婉的越韵里得到安慰的。

遥想当年戏台繁盛时，即使是隔着凉凉青石的里巷，也还是能听得到戏台上的悠悠丝竹的吧？

常演不衰的该有《盘妻索妻》，小梁公子的憨厚可爱、款款深情、弃官大义都会随着行云流水般的唱腔展现得淋漓尽致。更和着江南飘飘洒洒的烟雨，台上的人了情，台下的忘了情。

说到"情"字，天下夺魁的《西厢》自然少不了。"愿普天下有情人，都成了眷属。"自由自在的爱情是最美妙的。《琴心》中莺莺步上风扫残红的香阶，抬头凝望空中凄冷的冰轮，不由她不心生哀怨。母亲赖婚，以兄妹之约生生击碎了她美丽的爱情梦，在凄清的月光中，在盈盈的哀愁里，她怎能不感叹"那团圆月偏照孤茕""只有高唐来梦中"呢？

　　风过处，落红阵阵。旧戏台边，牡丹谢，芍药怕，海棠惊。那杨柳带着清愁，桃花含着幽恨，与我一道，在淡烟疏雨中，静静地倾听哀婉的越韵。

　　且随了她浅吟低唱，醉在淡烟疏雨的江南深处。

流经生命的成长

长　慕

杨　腾

风，吹不动沧桑；雨，轻弹在眼眶。我在这儿，从清晨到日暮，我一直在这儿。但我知道，你，永远地，离开了。

暮色四合，山野苍茫。我一个人在这儿，守着一片荒烟蔓草。刚刚，有鸟飞过，却了无痕迹。

风飒飒地吹，雨答答地落。好冷，不过，你更冷吧。春夏秋冬，你都只有一个人，陪伴你的是山风、寒鸦、野草。不过，百岁之后，我一定会来陪你，陪你看细水长流。

你，还记得这句誓言吗？我又想起了过往，泪眼凝霜。失去一切并不可怕，怕只怕我们抵抗不过回忆。记得当初，我们是在郊外相遇的，就是你长眠的这片土地。

那时，初春，有芬芳的泥土和淡淡的草香，有蔚蓝的天空和浅浅的花香。我就遇见了你，有着暗淡如兰的气息的你。一场意外的相遇，一段全新的开始。你大声地说："有美一人，清扬婉兮。"爱，往何处跑，瞒不住心跳的吵闹。我不知道人为什么有勇气一见钟情，只是心，突然乱如狂草。

那天，我躲在城墙的角楼里，看见你痴痴地立在烈烈艳阳下，等待。你取出一管红色箫笛，静静地吹着，是一曲《长相守》。我在这儿，低声而歌，你一定没发现吧，直到夕阳西下，你仍傻傻地站在那儿，徘徊着不肯离去。我只好到你那儿，递给你一束白茅，然后低着头匆匆离去。我在心里想象你纯朴的笑容，干净而温婉。

那日，晴空万里，已是黄昏时分，我从红盖头下看千树桃花，炽烈、灿烂以及喜悦。我听见宾客的赞叹，我听见双亲的哭泣，我听见我心里有一朵花，开了。握你的手，我找到了属于自己的幸福；你，也一样吧。我感觉到你那一瞬的颤抖和手心的汗。真的，从此之后，执子之手，与子偕老，一切终于开始实现了。

那夜，晨星点点，光华禾禾。我和你，一问一答，直到你携我的手在纸上写下"琴瑟在御，莫不静好"。你真挚地诉说着，每一缕经过耳边的一幕幕熟悉的段落，都会唤起心底最悱恻的诉说。心里满满的都是爱，无法诉诸语言。在天愿作比翼鸟，在地愿为连理枝。夜半无人私语，我们生死相许，不弃不离。

那年，你在远方服役，我只能独倚栏杆，等到人断肠。相思更漏短，泪湿白衣衫。梦里，你回来了；现实，你已战亡。魂与梦为伴，千古共向晚。怎奈黎明不懂哀伤，双人成单，生亦何欢，死也难安。我将你葬在这片相遇的土地，桃花依然笑春风。爱，千回百绕，终究回到，花开千树的怀抱。

我常常来看你，我知道你很孤寂，从清晨到日暮，从初春到深秋，你总是孤单一人，与山风、寒鸦、野草相伴。百年之后，我会和你永远、永远地不离不弃。

年年岁岁，暮暮朝朝，时时刻刻，分分秒秒，都在唱着这一曲永不停止的流水春歌。

我明白，真正的爱情永远不会彼此失去。

因为，有一些人，也许不能一辈子在一起，但是有一种感觉，却可以藏在心里，守一辈子。

寻我的古韵中国

杨　颖

　　血液里流一种温柔，情怀中含二分清愁，笑靥里蕴三春秀色，回眸处淌一派风流。我可以这样地想念你，我的古韵中国。当古意渐行渐远，今世的红尘中我该怎样着步？当晕染的水墨日渐干涸，让我用今世的泪水洗脱漠视的歉疚。寻找，是谁也无法阻止的愿望；古韵，是葱茏如竹的中国印象。

　　三千年，我来而复去，去而复来。梦回《诗经》里的那片小洲，油油的荇菜是我摇动的心旌。你融化在我唇边喃喃倾吐的"窈窕淑女"这段温热的心事中，人世间最深的把握只在惊鸿一瞥之间，婉转出寸断的柔肠，婉转出三千年的寤寐求之，三千年的辗转反侧，三千年的琴瑟未凋。多情应笑我，又怎忍心你的楚楚风姿就这么舞成杨花如雪。梦回那片如流光霞帔的桃林，我饱蘸一抹灼灼的爱慕在心底挥毫出你的不胜娇羞。青青子衿，悠悠我心，但为君故，梦萦至今。祖国，你寄托于三千年前的袅袅情丝，让汉水之广如雪而释，让单纯稚嫩的情怀，隔断玻璃窗外的喧嚣，静静地生于心灵。

吟一曲银字笙调，借一羽白鹤，三月春拂，我愿寻你到诗词的韵律中去。你行走于灯下纸上，水袖宽袍间散发着馥郁的墨香。那位妄称凡酒醉处皆非他乡的醉汉，举杯消愁时却将你的皱纹陡然灌成"奔流到海不复回"的黄河，蔼然含笑间又将你疏朗的胸襟化作三千尺的浪漫瀑流。"一醉累月轻王侯"的沉淀让李白的酒味薄淡不得，那双傲慢的靴子还落在身后高力士羞愤的手中，"人却不见了／把满地的难民和伤兵／把胡马和羌马交践的节奏／留给杜二去细细地苦吟"，"朱门狗肉臭，路有冻死骨"的悲音，让我承接过你的儿女清晰的揪痛。直至"亲朋无一字，老病有孤舟"的境遇，我听见诗魂仍不休地诉说。如果没有他们，中国会失去洞察民间疾苦的眼睛，不吝泪水来润泽时代的眼睛。一轮大宋的明月正沿长江涌起，纵天涯之隔，你我相对此时。在词牌的汩汩声中吐纳着多少的悲欢离合、家恨国仇，中国至此，稚气的不羁在"不见古人吾不恨，恨古人不见吾狂耳"中熔铸成一分傲气，三分自信。"把吴钩看了，栏杆拍遍，无人会登临意"的赤子情怀，曾于忧愁风雨中给祖国以宽慰，也在今日的和平中催放沉没许久的情愫。这一些都是你最骄傲的儿女，那一些都是你复活的青春印迹。我愿通过重温挑灯看剑的旧梦，心在天山的猛志，抵达马背上最激越的号角；我愿徜徉在梅子青时节的村庄，吴姬压酒的垆旁，抵达江南最清新的鸟语。指尖的墨痕犹新，在触摸中，我与你进行思想最深层次的交流，你仿佛触手可及，侧耳可听，倾心可寻，在一次次不期而遇中燃起我心中的憧憬和勇气。

别却杏花巷，乌篷船，杨柳岸，关山月，塞外声……我感受到一股沉重的气流，以慌乱的针脚冲激出中国人在乱世的心绪，积淀的文化思考和摸索因发酵而异常香醇，却也有前所未有的质疑在你体内急躁地窜动，前所未有的挑战和冲击在外国的叫嚣声中日渐鲜明。儒家的鼓乐被阻滞在迷失的路口，王朝的钳制松动在面向世界的心窗。我被震醒在文化江河里，中国人开创、引领、反思的力量：他们的每一次屹立涛光，一路向前，都引领文化的航向；他们的每一次驻足回首，咏怀兴替，都点醒文化的天光云影。聆听风声雨声，家事国事，我不再寻寻觅觅，因为知道你一直在我心中，所以我不再彷徨、冷清。当我仰望2009年的这轮明月，我会在"今月曾经照古人"的诗句里收获慰藉，在现代的霓虹中，快捷传递的信息里，有我作为一个中国人的骄傲，骄傲地要成为你的梭子，引领不断翻越的文化织锦。

当汽笛声轻易地盖过鸟雀的吟唱，成为清晨让神经紧绷的闹铃；当桌上翻飞的报纸里仍喧腾着昨日的硝烟，充斥成心底第一份忧虑；当电脑的荧光闪烁成客厅的第一抹阳光；当追逐名利成为今日的主修课……当这一切都成为平常的生活，我们需要一片古韵轻舞飞扬的天空。文化会驾驭瑰丽的色流，细密地游走，抑或激烈地冲撞，抑或乘兴地渲染……以不同的缓急情绪将中国人清风明月的清逸，眉蹙间枨孳的电石火光，化作啼鹃的慷慨悲壮。我们需要将"日斜深巷无人迹，时见梨花片片开"的淡泊宁静，重新注入日渐脆薄的生活，日渐现代化的性格，它们会让祖国划进我的心海，留下责任的波痕，让古意就这样复活在新时代的血液中，过滤不断涌入的思想的潮水，与之融合、碰撞、磨合。中国的古韵源自中国人，也必将悄然引渡着中国人。

手搭书页，可见到的古典真的很近，现实真的很远。可知道你一直在我心中，是每一个中国人心头秘藏的圣符。多情最是此湖水，愿作那一茎水草缠绕在你的柔波，不再迷失你的津口；愿用今世的舟行，为你冲开现代文明的万顷玻璃皱。

古诗词中的水

赵　娅

揭开《诗经》的封面，你会看到"关关雎鸠，在河之洲"的水色河光；翻开《楚辞》的篇章，你会看到"袅袅兮秋风，洞庭波兮木叶下"的湖波江浪。

水性是温柔的，它能表达出人们内心的情感。古时候，人们的主要交通工具之一是船，所以渡口，也就成了友人或恋人依依惜别的地方，而水在此时就扮演了重要的角色。

"水是眼波横，山是眉峰聚。欲问行人去哪边？眉眼盈盈处。才始送春归，又送君归去。若到江南赶上春，千万和春住。"（王观《卜算子·送鲍浩然之浙东》）这是一首送别词，诗人以眼波喻水，以蹙眉喻山，因为有了对水的奇想，使得这首词没有离别的感伤，才脱离了送别词的俗套。

水与爱情的关系，似乎比水与友情的关系更密切，翻开我国第一部诗歌总集《诗经》就能找到证明。"蒹葭苍苍，白露为霜。所谓伊人，在水一方，溯洄从之，道阻且长。溯游从之，宛在水中央。蒹葭凄凄，白露未晞。所谓伊人，在水之湄，溯洄从之，道阻且跻。溯游从之，宛在水中坻。蒹葭采采，白露未已。所谓伊人，在水之涘。溯洄从之，道阻且右。溯游从之，宛在水中沚。"（《蒹葭》）作者追求意中人而不可得，就在这百草凋零的清秋时节犯起了相思，她在什么地方呢？她"在水一方"，又"宛在水中央"，心上人若隐若现，朦朦胧胧，让作者魂牵梦萦，写出了可望而不可即的爱情。简单的水，多么神奇啊！

水因为富于变化，灵动活泼，也能引发出诗人们对人生的感悟和思索。"门前流水尚能西，休将白发唱黄鸡"是苏轼对人生的乐观豁达；"问君能有几多愁，恰似一江春水向东流"是李后主绵长的愁绪；"黄河之水天上来，奔流到海不复回"是李太白的壮志豪情；"君者，舟也；庶人者，水也。水能载舟，亦能覆舟"，荀子对政权与人民的关系的比喻，给后世留了一个深刻的警醒；而孙子从水中悟出了克敌制胜之道："兵无常势，水无常形；能因敌变化而制胜者，谓之神。"

水是有灵性的，它可以传递人间难舍离情，可以寄托相思之情，可以抒发迁客骚人对人生的愤懑之情。愿我国的古诗词借着水的魔力能流得更远，更远。

在　路　上

把 握 分 寸

王 强

　　圆以融，中庸之精义也。

——题记

　　识遍了喧嚣红尘，拥堵繁盛，那一座空山却以悠远而深邃的分寸向归隐者倾泻着人生的精华。

　　而后，生命以退让、淡泊的姿态，于拥堵中开辟沉寂，把握分寸。

水墨画·引诗情到碧霄

　　西方人喜欢浓墨重彩，喜欢金属般的刚烈。所以梵高用偏执的画笔，大块涂抹金黄的向日葵；毕加索用鲜明的色调，诠释着格尔尼卡的悲伤；达·芬奇用一层又一层的油墨，覆盖起蒙娜丽莎的秘密。而恬淡闲适的中国人，偏好素雅的分寸，宣纸上轻轻地勾勒，一座空山便隐约于云雾中显现，层层透析出的墨色，蕴含着东方典雅的分寸，更可听见"鸟鸣山更幽"的意境。

茶·引恬淡上了心间

初次品尝到咖啡的浓烈，便为它的强烈霸道而折服。那密匝的水气，醇厚的口味，刺激着每一根神经，而它独特的提神效果更令人惊讶。也门的拿铁因毫无奶泡而著名，卡布其诺凭着浓厚的奶泡深得女孩儿欢心，牙买加的蓝山咖啡因层叠的口感而闻名。而中国的茶则不同，它们静静地生长于深谷之中，吸取日月精华，在含苞时被采摘，用茶水冲泡到第二次方才显现出它恬淡的大家分寸。细品一口，由浅入深，它含蓄的香气和它优雅的分寸一起沁入人的灵魂。

中国的茶贵在识分寸，知大体。不管是洞庭碧螺春、黄山毛峰、金寨翠眉还是西湖龙井，全都汲取了山与水的精华。不像咖啡，水量冲泡的多与少都能让咖啡乱了分寸。东方的茶，就算放一片于瘦西湖中，掬一捧水来品，也还能品出那饱经历练的分寸。

做人处世亦如此也。尘嚣纷繁，灯红酒绿，能够把握分寸，"富贵不能淫，贫贱不能移，威武不能屈"，像水墨与茶一样，不管世事多么纷杂，别人如何慌乱，都要把握住内心的分寸，做一个恬淡、闲适、有分寸的人。

把握分寸，处世之精义也。

台　阶

李元骏

　　脚踏谢公屐，身登青云梯。半壁见海日，空
中闻天鸡。

　　　　　　　　　——《梦游天姥吟留别》

　　这里海拔三千米。放眼望去，满眼都是不毛的沙砾。
脚下的路像脱缰的野马上蹿下跳，在陡峭的山崖上跑出斜
斜的一行。

　　八天前，躁动不安的我偕同学从城市出逃，来到了川
西，在高原上宣泄我过剩的精力。我在四姑娘山脚，在丹
巴城里，在亚丁马场的马背上。我有过恐惧，有过对自然
的敬畏。有，但还不够。所以我到了海螺沟，我要去朝拜
贡嘎山的冰川。

　　现在冰川已经遥遥在望了。但要想直面冰川，还必

须攀下一长串台阶，才算抵达下方的"冰面"。之所以说"攀"台阶，是因为这里的阶梯其实就是大石块——石块间的沙土上还杂着冰屑，若不小心，就会一脚滑倒滚下深渊。

大家开始小心翼翼移动脚步。顺着台阶向下，时而缓行，时而跳跃，时而手脚并用。高原之上空气稀薄，很快就有人体力不支，落在了队伍后面。我仗着体质较好、精力充沛，肆无忌惮地走在最前面。我的脚骄傲地踏在台阶上。

石缝间的冰痕渐渐多了，周围地表上出现了冰川蚀出的洞穴。我的呼吸开始急促，我的肌肉已然紧绷，我的肺可以感受到高原的震怒。我低下头看这些台阶——这是怎样的台阶啊！粗犷的石块肆意横陈，冰与沙的混合物随时准备向来人进攻。为什么非要通过这样的台阶才能看到冰川？我爬过白云山，那里的台阶平整而驯服；至于泰山、黄山的台阶，也是温顺的，断不会像眼前的台阶那样，蓄意与人们作对！

不觉已看见了冰川：它就在眼前，纯白的身躯混进泥沙里，开山裂谷而去。正感叹冰川的壮伟，脚底却猛然一滑——一瞬间，我重新抓住了重心，只看见脚边几块石头滚入一个洞中，之后了无声息。再回眸刚才立足之处——台阶上赫然有一层薄纱般的冰！只要反应稍慢，此时我已不知身在何处。

这恼人的台阶！这令人不解的台阶！

定下心后，开始思索：为什么守在冰川前的会是这样险峻的台阶？

"为什么？"我问冰川，冰川不语。她是那样圣洁，以至不屑多言。

"为什么？"晋文公流亡了十九年，终夺回上公之位，成就霸业；苏秦说秦不成，刺骨苦读，乃封相于六国；李贺作诗，呕心沥血，遂有名篇流传至今。原来台阶即达到目标所必需的过程。目标愈是雄伟壮丽，征程里的台阶就愈是颠簸坎坷。要攀至如冰川般圣洁的终点，就少不得经过那由冰屑、沙石堆成的台阶。十九年流亡生涯是文公的台阶，说秦不成是苏秦的台阶，呕心沥血是李贺的台阶。他们走过陡峭的台阶，举步维艰却终究没有倒下去，于是他们抵达了常人所不能及的终点。旅途中的攀登台阶固然令人疲惫，但当你在终点回眸时就会发现：其实，台阶也是风景的一部分啊！

回过神来，我仍身在冰川之前。极目而去，台阶通向天涯。

沉　默

汤倩云

> 海呀，你说着什么语言？是永远的疑问。
> 天呀，你用什么语言回答？用永远的沉默。
>
> ——泰戈尔《飞鸟集》

在这个世界上，只有人才拥有语言中枢，拥有与之相配的声带、喉咙，拥有只有通过语言才能表达的东西。而动物发出的声响仅仅是嚎叫或啼鸣，还有等而下之的无声的植物和连生命都没有的非生物，它们更是无法主动发出声音。但是再聒噪的人也会有大片的时间有意无意地沉默着——吃饭的时候，睡觉的时候，苦思冥想的时候。只不过这种沉默往往会被喧闹湮没，就像一个默默在聚会的角落里喝着闷酒的不被人注意的男人。

我们的祖先是崇尚沉默的，他们认为沉默是金。一个被人冤枉，与人发生冲突时能够仍旧保持沉默的人，是隐忍、大度而且坚强的。一个人愤怒时说出的话往往粗糙、偏执、词不达意甚至出言不逊。这样的话常常未经大脑仔细推敲，一句话往往会使局面更加恶化。此时选择沉默，把那些带着棱角的情感紧锁心间留待时间去打磨，才是最为明智的选择。

但也有时候沉默是零。我们许多情况下不能从沉默中得到任何有效的信息，沉默在拉长了时间的长度的同时，也拉长了人与人之间的心灵距离。这时人们只好从沉默者的表情、动作、姿势等肢体语言中来推断对方的意思。这就好比让你费心地研读一个被求婚的女人腮边的微笑或是微蹙的眉头，一个被提意见的领导紧握的双手或是轻抵着下巴，一个即将出征的士兵不停地踱步或是默默地祈祷……这当中所蕴含的意义——沉默的无义也正是它的多义。

而当作家们闭上嘴拿起笔时，他们其实并未沉默。他们将自己的语言形诸文字，或化作一缕清风，轻轻抚慰读者受伤的心；或化作一把尖刀，插入社会的黑暗面，血淋淋地挖出虚假的皮肉下的真实；或化作一把躺椅，让人稍事休息，神游天际；或化作一串风铃，丁零零地奏着一支祈祷乐，让自己和读者，都能卸下生活中的凝重，抖落一身征尘……

最恐怖的沉默乃是大脑的沉默。我的性格有些偏执，为回一条短信我常常是编写再删除再编写再删除。看着光标在屏幕上的闪动，大脑居然也沉默了。这时候连省略号打起来都嫌麻烦，于是我用六个小小的句点，记录下我那刻的无言——就像六个小小的"○"。

　　然而我一个人的沉默终将被这个城市上空弥漫着的无边无际的沉默所湮没。我想：我们会不会有朝一日又回到那种无语言的寂静的时代里去？语言到底不是可以表达一切的。

城里的月光

洪文茜

夜很静。清冷的月光斜斜地从窗户照进来，落在地板上，映着我的面颊。

我想，人只有在彻底的安静中，才能把一些问题向着更深更广处去想。难怪鲁迅先生会自称爱夜之人，"自在黑暗中看一切暗"。

从落地的玻璃窗向外看，两道街灯映照着刚刚被雨水冲刷过的道路，反射出一片祥和与宁静，偶尔有一两辆汽车飞驰而过，远处的高楼灯火星星点点，霓虹闪烁里炫耀着这个城市的繁华。忽然听到楼下有些微动静，探头出去细看，原来是一个衣衫褴褛的拾荒者正借着路灯"淘宝"。看着他娴熟地用一个长钩子在垃圾堆里拨弄着，然后找出他认为有利用价值的东西，装进起了毛的麻袋里，最后离开，前往下一个目的地。我想象着他在找到易拉罐或是塑料瓶等东西时可能有的各种表情，应该是心满意足地一笑吧。他应该不知道自己的狼狈，他应该不排斥自己的贫穷，但是看着他的我，却忍不住想说，这个城市，还有灯红酒绿掩埋不住的辛酸！

想起了从前在电视上看到的一个画面。一个九岁的男孩儿，在墨脱的蚂蟥区为行人背行李。墨脱是中国典型的贫困地区之一，这里没有公路，进入墨脱只能靠步行，穿越蚂蟥肆虐的原始森林，走过随时有塌方危险的山道。而一个瘦骨嶙峋的九岁男孩儿扛着硕大的包裹就这样穿行在一个常人无法想象的路途中。两颊和眼眶因为消瘦而凹陷，脊背因常年背运重物而略微弯曲，皮肤因为终日曝晒而显得黑亮。一个行人看着觉得怜惜于是提出帮他分担一些重物的要求，但出人意料的是，男孩儿很警觉地拒绝了，他说："我要靠这个赚学费的。"

我还记得男孩儿抬起头来看行人时那双黑亮的眼睛，清澈到没有瑕疵，却又闪烁着怀疑与惊恐的影子，这样的眼神每每在记忆里灼伤我。孩子有天真的权利，有不懂世事的权利，有逃避生活责任的权利。但这不是所有孩子都能得到的恩赐。一些孩子，贫穷给他们的童年罩上一层灰色，贫穷让他们过早接触生活的真相。刘醒龙有一首小诗，题目叫作《一碗油盐饭》："前天我放学回家，锅里有一碗油盐饭；昨天我放学回家，锅里没有一碗油盐饭；今天我放学回家，炒了一碗油盐饭，放在妈妈的坟前。"

这首被称为"一看就想哭"的小诗，震撼我的不是言辞的华丽，不是诗韵的工整，不是构思的精妙，而是它对真真切切的贫困的描述。贫困仿佛有着巨大的吞噬力，在这黑暗笼罩下，人们生活中的一切阴霾有了存在的泥土，它们肆无忌惮地发芽成长。

被联合国前秘书长安南称誉为"第一位在中国农村从事艾滋病预防宣传的女性活动家"高耀洁深入农村后，找出了中国艾滋病传播的根源竟然是——卖血！又是一场因为贫穷而导致的浩劫！卖八百毫升的血换取五十元，究竟该说这是惊人的数字还是令人心痛的现实？贫穷确实已经不是危言耸听的遥远话题，也不是依靠偶尔的捐款所能解决的社会问题。贫困已经成为发展必须解决的痼疾。

莎士比亚说，慈悲是高尚的真实印记。面对同一片月光下的不同生活，面对同一种血脉的不同际遇，慈悲是不是我们对自己最起码的要求呢？然而，面对贫穷这个历史性的社会命题，又不是仅仅靠慈悲心可以解决的。现在，我们更需要的是责任！这责任，是每一个炎黄子孙要为同胞负起的。星星之火，可以燎原。只有每个人都感觉到肩上的重量，只有每个人都能互相伸出援助的手，只有每个人都能拥有勇气去承担这责任，我们才可以像食指那样，"当蜘蛛网无情地查封了我的炉台，当灰烬的余烟叹息着贫困的悲哀，我依然固执地铺平失望的灰烬，用美丽的雪花写下：相信未来"。

今夜，那一片月光隔着薄薄的帘子照进来时，我想起许美静的那首《城里的月光》，想起那句"城里的月光把梦照亮"，忽然有一个心愿，希望同一片月光能照亮墨脱那个九岁男孩儿的梦，希望同一片月光能照亮这片土地上每个人的梦。

离夏天最近的地方

陈钟瑜

夏天好似与我们若即若离，昨日的太阳照满大地，今日的凉风却依稀留着冰冷的气息。用手轻轻地触碰夏天，她却就这样消失在我的面前。

校园里的香樟树已经茂盛地伸展出一片片嫩绿的新叶，郁郁葱葱，一股活力四射的青春色彩点缀着校园，成为一道美丽的风景线。笔直的树干屹立在校园的两侧，就好像一颗坚韧的心一样。一股樟脑味的香气隐隐约约飘荡在属于初夏的空气中，好奇地一瞧，只见香樟树上开着一朵朵的香樟树花。没有玫瑰的妖娆，没有百合的纯洁，也没有牡丹的亮丽。只是这样静静地，静静地，在角落里默默散发着自己的香味。好似雪花瓣一般，绿色的茎叶中填充着一朵朵小小的黄花。它们有的还是一个含苞待放的小花苞，有的花瓣已经含蓄地张开，就像在小心地呵护着里面的花蕾，微微向里聚拢，不带一丝张扬，却又耐人寻味。

一路的成长就这样走来，青春，也恍然间变得越来越短。还记得刚走进校园时，站在香樟树下青涩的面孔，逐渐变得成熟，开始尝试渲染出自己的绚丽，就像香樟树的香味一样，久久弥漫着淡淡的却清新芬芳的青春之味。"柏叶即使投放火上，香气也会扩散四方"，我想，我们都在用最热烈的青春之火燃烧着我们。即使有那样的一天，青春已经化为乌有，但是，那股来自于青春最热情的味道，却会永远伴随着我们，亘古不变。

我们所看见的世界——香樟树是流动的绿色，阳光在午后变得透明，蜿蜒伸向所有它可以到达的地方，不远处的公交车站传来繁忙的声响，因为瞌睡而睡着的人，投下一颤一颤的影子。空气里绷着平缓而舒畅的节奏，像是永远停在了这一点，以至于完全不用考虑它的将来会演变出怎样的走向。如果，我们将所有的希望用来燃烧自己最完美的青春，即使最后一切都烟消云散……那么，也许它将永远带上香樟树的清香，以一个完美的截面，停留在这个离夏天最近的地方。

雕 刻 人 生

杨荣加

台北"故宫博物院"有两件珍宝，一件是由青白相间的翡翠雕刻而成的翠玉白菜，另一件是造化天成的东坡肉形石。我坚信，人才和珍宝之间具有共通之处，我们不妨从两件宝物的形成史中去感悟一下雕刻人生的奥妙。

第一个问题是"雕什么"。翠玉白菜的前身是一块半白半绿的翡翠，东坡肉形石的前身则是一块天然的石头，假如工匠拿到材料不能看出它最适合雕什么，而把那块翡翠雕成了"翠玉东坡肉"，把那块石头雕成了"大白菜形石"，那么这两者的价值还能得到真正的彰显吗？果真那样的话，我估计它们只能卖出白菜和石头的价钱。

当然，这只是一种假设，现实生活中可能很少有傻到这种程度的工匠，但这并不代表现实生活中认不清自己，不知道自己适合做什么的人少，正相反，这些人很多。这些人傻吗？不，这些人比猴还精，因为他们深知肉比白菜贵，管它什么材料呢，只要能雕成肉的，绝不雕成白菜。哪怕材料就是一棵白菜，我也要给它雕成白菜肉，结果他们的人生也就雕成了一个个"东坡肉"人生。但是，这是真正的聪明吗？我想，这至多只能算是小聪明，因为他们把聪明都用在了人生的"价钱"上，而没有用到人生的"价值"上。须知，翠玉白菜的价值是"翠玉东坡肉"永远也无法比拟的。

第二个问题是"怎么雕"。还拿那两件珍宝来说事吧，如果雕刻的工匠也知道要雕一棵白菜，但他把原本白色的部分不雕成菜帮，而雕成菜叶，把原本绿色的部分不雕成菜叶，而雕成菜帮，最后雕出一棵绿帮白叶的"变异白菜"出来，那它还能成为无价之宝吗？或者有一工匠觉得那块造化天成的东破肉边上还七短八不齐，便用刻刀给它切得一整二齐，再在那"肉皮"上打上几个刀花，那它还能成为镇院之宝吗？

现实中，像这样乱动刀、瞎折腾的也不乏其人。听说，张家界这回要出名了，国际大片《阿凡达》走红后，美轮美奂的"哈利路亚山"引起关注，这座山就像张家界的"南天一柱"。为了表明张家界"不仅属于世界，也已经走向世界"，"南天一柱"被更名为"哈利路亚山"。决策者如此动刀，无非是想借助《阿凡达》的影响扩大张家界的知名度。孰料，一不小心掉进了不伦不类的陷阱。

这一刀，得到的是什么？是这座山好像被外国人占领过的感觉。失去的是什么？是汉文化原有的文字美、形象美以及给世人带来的想象空间。不知哪年哪代才能把这个奴性的名字再更回原本民族性的名字。

人有人性，物有物性。看来，"雕什么"必须依之，而"怎么雕"则要顺之。如果无视人的天资心性和物的本质特性，仅凭一己之好恶，逆"天"而雕，必然会遭到规律的惩罚，落得个千古骂名。

知足菜根香

马艺嘉

如果你不能拥有光芒万丈的太阳，那么就抱一抱家中的暖水袋吧。其实，那也是一种幸福。

知足菜根香。

一天过后，歇在床边，别老想着今天又被老板骂了一顿，别老想着今天又把饭煮糊了，别老想着妈妈越来越烦，别老想着自己老也买不起漂亮奢侈的衣服……你可以闭上眼睛，满意地回忆：今天又懂得了一个为人处事的道理；今天又掌握了一门做饭的技巧；今天妈妈更加关心我；今天的我依然拥有天生丽质，毫不逊色于那些浓妆艳抹的贵妇……睁开眼睛，你会发现你的嘴角已微微上扬。——这菜根，是生活中的磕磕绊绊。

知足菜根香。

"土国城漕，我独南行。"他们，的确非常辛苦，但是，当他们从天没亮做工做到夜晚，觉得非常劳累的时候，他们能够回家，他们有家可归。

即使，即使……每天吃的只是粗粮野菜，那碗野菜汤是他的女儿去采摘，他的妻子细细地洗过，他的儿子清晨去砍柴，他的母亲守在灶台边添柴加火。一家人一起用力，熬出这碗浓汤，然后耐心地煨着，在夜幕降临的时候，点着烛火等他归来品尝。

这汤，是甜蜜可口的，是浓郁幸福的。因为，他们懂得，知足菜根香。——这菜根，便是简单的素汤，是家的温暖。

知足菜根香。

当你不停地抱怨椅子乱响、桌子乱晃时，请想一想某些地方的茅屋石凳；当你抱怨卷子满天飞、书本满地跑时，请想一想"大眼睛"女孩儿的迷茫与梦想；当你抱怨奶奶常常把脏水留下来冲厕时，请想一想西南大旱的惊人灾情；当你每天抱怨睡不醒起不来，作病态呻吟时，请再想一想某些比你还稚嫩的娃娃们要比你早起多久去攀山越岭，冒着生命危险去学校？……所以，知足吧。比起他们，你也许早该到一旁偷笑了。不要对一些事苛求，放下你的完美主义理念，去细腻地幸福着身边的一切吧。——这菜根，便是生活的点点滴滴。

然而，知足菜根香，并不是对任何事都是容易满足的。俗话说：布衣暖，菜根香，读书滋味长。对于读书学习，我们是绝不能浅尝辄止的。知识是无穷无尽的，就如同阳光，永远没有消失的一天；亦如同时间，永远不会停止，只有不停地向前发展。或许我们做不到活到老学到老，但总应该拥有一颗谦逊求知的心，去不停地探索……所以，对待精神享受，就需要我们不断地追求，而非安于现状。

知足菜根香，这菜根，是物质，是生活。

沧浪之水清兮，可以濯我缨；沧浪之水浊兮，可以濯我足。知足，可以使你处变不惊。得之坦然，失之淡然，争其必然，顺其自然。知足，亦能使你拥有一颗平常心，快乐心。所以，请记住：

知足，菜根香。

以树的姿态超脱历史

陆筱薇

窗外细雨如织锦垂自天幕，蜿蜒而下的，是雨水，也是历史的时间和沧桑。每个人的灵魂，都在历史的长河中荡涤，以期洗去世间万千尘埃，以清朗的姿态，还回一世清白。

而他们，是历史长河两岸的行道树，以树的姿态超脱于历史之上。或以木樨的饱满，或以橡树的坚毅，或以菩提的神性，或以枫的成熟，或以松的沉稳，或以白千层的伤而不痛超脱历史，无愧地面对千年仰望。

我以手指触摸他——木樨那饱满的姿态，"其纹如圭，其理如犀"。我看见韩愈如木樨般的背影自历史的帷幕中渐渐清晰。发配潮州，爱女夭折，可他竟是在长长的苦难和等待中有了最完美的姿态，如木樨般清醇锐利。他在潮州兴教育，修水利，以至潮州的一片山水竟都姓了韩！最美的姿态，不在于文如潮水的喷薄恣意，而在于他在潮州的操劳政事的背影。先生沐雨而立，一站就是千年。潮州山水，见证了先生最完满的姿态。

我以目光凝视它，这是一座受尽屈辱也受尽仰望的碑，如橡树般站立于亘古的历史。我看见乔治·桑从历史的书简中走出，优雅而高贵。她是法国19世纪文学的月亮，孤冷而充满希望。生于一个性别受歧视的时代，是她的悲哀，也是她辉煌的起点。几十年坚毅的姿态，将"乔治·桑沙龙"端上法国最上流的舞台。李斯特、雨果、福楼拜……这些辉映世界的名字，心甘情愿地以自己衬托她的威仪，她的高贵。只因，她是法国的月亮，是屹立的、堪与男子并肩平分秋色的橡树，以坚毅的姿态。而这种坚毅，使法国同侪愿为她的姿态让路。

我以心灵感召他，菩提树下拈花微笑的汉子。他是巴赫，一个神性而光辉的人。《圣经》中说："你将生命的道路指示于我，你的前面有满足的喜悦，你的右手有永远的福祉。"在我看来，这些字便是为他而镌刻。他是指路的人，是福祉的右手。他以神性的姿态站在历史长河岸边，仁慈而不可仰视。他的《马太受难曲》在柏林上演时，没有鲜花和掌声，却让人看到了神的存在，而神，正经由巴赫的拈花微笑般的姿态化为永恒。

我可以继续寻找，那些树，那些姿态，那些名字。拉斐尔以他明亮优美的画作超脱历史，如枫树般的成熟姿态辉映世间；拉宾一句"我曾饱经沧桑地沉默"道尽他的善良与高贵，他如松一般的沉稳姿态让他超脱历史；沈从文先生"文革"下放，遇到黄永玉先生时，一句"愿从容"让我们看到他如白千层一般伤而不痛、坚忍无言的姿态。

那些人，那些树，那些姿态，立于历史岸边，悲悯地看着历史沉浮。他们以树的姿态超脱历史，又在历史中留下自己的姿态。

我看着那些或刚毅或温柔，或坚忍或神性的姿态，我想，我终于可以明白，一个对生命完全负责的人，会有如树一般的姿态，而这，也是最美的姿态。

是的，那些对生命完全负责的人，如树一般，以最美的姿态来超脱历史。我不知道我是否可以超脱，可我愿对生命负责，愿坚持，愿等待，愿受洗礼，愿受点化，也许有一天，我也会有如树一般最美丽的姿态，亭亭净植，不蔓不枝。

诗，你到底重几斤

刘晨昕

写这篇作文，灵感来自于昨天语文课上对卞之琳《断章》的讨论。

虽然各路人才对其主旨做出了五花八门的阐述，一时听上去也似乎极有道理，但课后想想，我和身边人还是不禁感叹：我们太把问题复杂化，太高估《断章》的分量了。就我看来，卞大诗人写这首诗，纯粹就是因为对"别人是你的风景，你也是别人的风景"这么一个现象产生了写作的兴趣，说白了，就是写着玩的。我想，他压根就没想探究事物本质，阐述禅宗佛理，甚至连爱情也懒于表现——那根本就是一个意境无比吻合、逻辑无比牵强的主题。我们没有必要给一首诗加上一些意思，不然就有悖于诗人的内心了。

但也许有人会说，反正是自娱自乐，读者随意讨论不是很有利于百家争鸣、思想进步吗？但是，带着一种奇怪的肩负任务的誓死要说服对方的心情去窥探诗人的想法，是让人疲惫的，而且，诗也是有生命的啊。它要是知道别人正不断往它脸上贴金，不但笑不起来，还会羞愧得无话可说。

记得上次，老师给我们赏析几首诗。其中一首《咳嗽》让我相当地迷惑。整首诗就一个长句，拆分后变为十四行，由于简短，特此写出：坐在图书馆／的一角忍住／直到／有人把一本书／历史吧／掉在地上我才／咳了一声／嗽

我猜想，老师他本人应该也无法完全猜透诗人的意图吧！假如故作深沉地分析，应该着重抓住"历史"等词，并联系作者的感受，推断出他是如何在压抑与什么什么的大环境下做着保护文化之类的事。将诗放入特定背景中，或许这样的理解是必要的。但很多时候，假如刻意地赋以主旨，对于快乐年代中上课还在偷吃东西、下课妄图赖掉作业的我们来说，总免不了怪怪的。何况，这首诗还是这样的富有冷幽默，这样的雷倒众生……因此，我宁愿把它当作有节奏美有趣味性的一句话，供茶余饭后品味。

谈到诗，就不能只谈诸如此类的朦胧诗——更何况我是个不怎么"朦胧"的人。因此，就不得不提到古体诗——但更加遗憾的是，我是个对古代文学鲜有兴趣的人。无论如何，从大部分古体诗看来，主旨都是相当明确

的；即使是所谓婉约派，与《咳嗽》等相比，也倍显露骨。我并不是说朦胧诗太隐晦，只是觉得对于一个"小朋友"来说，有些消受不起。但诚然，过于直白或看似难懂实则意向相当集中的诗又吊不起我的胃口——比如泰戈尔散文般的《吉檀伽利》、冰心那被梁实秋称为"完全袭受了女流作家之短"的《繁星·春水》。有小部分句子是值得玩味的，但就我愚见，大部分内容还是缺少了一些精妙的意境与韵味。我也曾买过席慕蓉的诗集《在黑暗的河流上》，语言非常细腻优美，但依旧让人感到过于浅显，经不起推敲。照这样说来，不是极"朦胧"的朦胧诗倒是很合我的口味了。

但诗有千般巧，所富含的意思也雾里看花，捉摸不透。诗不会自己跳出来告诉人们自己的分量。她们就如娇羞的少女，你问她体重吧，她害羞地叫你猜，你猜一百五十斤，她会开始歇斯底里；你说只有八十斤吧，她轻轻摇头，红着脸不语。你最终还是不知道她到底有多重。因此，我们干脆别问了。看诗如看少女，还是凭感觉好，何苦打破砂锅问到底，自讨没趣呢？再者言，诗能带给我们一些美好的感受，就已足够。

结尾处，我想用个人很喜欢的夏宇的诗作结（只是要小小的改动一处），以阐明我对高矮不同、胖瘦不一的诗的态度：

把诗的影子加点儿盐

腌起来

风干

老的时候

下酒

草原的眼泪

周梦媛

　　它，本应是草原上自由自在的精灵，光亮的毛皮，肥厚的身体，在湛蓝的天空下，油绿的草场上，在天与地之间，咀嚼鲜嫩多汁的牧草，悠然自在地细品一份静谧。在遥远的过去，它曾是牧民的宝贝。有了它，就有了家的味道，鲜奶、黄油，它无私地为牧民奉献着生存所需的营养，冬日抵御寒风的长袍，节日中美味的大餐。奶牛，吃的是草，挤出来的是生命的乳汁。

　　人与动物间从没有绝对的平等。人喂养了牛，而牛用乳汁和生命来回馈主人。这貌似平等的关系下，掩盖了多少鲜为人知的伤害。牛并不是生下来就会产奶，只有一个生下小牛犊的妈妈才会产奶。一头母牛是怀着一颗爱子之心来生产奶的，而它的小牛，却会在刚生下来时就被送入生产车间加工成营养蛋白，只有极少数健壮的牛犊经过挑选，才得以残存，继续着它们父辈的悲哀。人为了不断获得鲜奶，便不断为母牛人工授精，饱受怀子与丧子之痛的母牛，还要麻木地为残酷的人类输送自己用心血凝成的乳汁，这是何等的悲哀与无奈。

人类是万物之灵，人类拥有改造自然的力量，亦拥有追求生存与幸福的权利。可这不意味着我们有资格去伤害、去践踏一颗母爱的心，剥夺其他生灵的尊严。我们在追求自己生存质量的同时，可否施舍出一份爱心给弱者？

人与动物之间也曾有过和谐相处。在过去，我们还没有如此完备的工业化生产，挤奶也并非冰冷的工具与工具的交接。当人怀着感激的心情来对待赠予自己食物的动物时，这个世界或许会多一分理解，多一分温情。我们需要生活，或许必须有牺牲，才能完成另一方的利益。但是我们不能将牺牲视为理所当然，将伤害看作天经地义。不然，将导致我们人类人性的荒芜。

记得一位满脸沧桑的草原老人，曾深情地回忆：过去，草原上的奶是浓稠而鲜美的，喝了就会感到温暖与力量。而今天，我们手中一包包、一盒盒包装精美的奶制品，却是那样稀，这是被人的淡漠冲淡了的感情，那份甜美背后更是隐藏着母牛的血与泪。

或许，我们对自然的伤害还远不止于此。无数个夜晚，我想起流浪猫瘦弱的身躯，我看到笼中的鸟儿无助的眼神，我听到可可西里的风声，藏羚羊鲜血淋淋的尸体，风干在历史的进程。可是，它们在我的梦中轻轻呻吟，它们的灵魂在我的灵魂中叫嚣，为什么我们要以这种方式对待这些无辜的生灵？我们自身过于膨胀的欲望到底支使我们对我们的朋友做了怎样可耻的掠夺？

草原在流泪啊，森林在哭泣，海洋在哀号。我们必须要反省自己。善待地球，善待动物，善待人性。如果，我们暂时还无法彻底避免对母牛的伤害，那么就请让我们心中满怀感激地喝下每一滴牛奶。同时，为此善待母牛，善待动物。朋友啊，当我们浪费牛奶时，要知道，我们是在侮辱一颗母亲的心，那里装满了草原的泪。

鞋子的启示

张颜茜

　　到底什么才是你最需要的呢？

　　你会选怎样的一双鞋子呢？样式新潮的却不耐穿，样式老套的却很结实，相信大多数人都会选择前者，因为这是一种对美的本能的追求，可是这种美是你最需要的吗？它只是满足你的虚荣罢了，并不会有太多实际的价值。

　　你会选怎样的一双鞋子呢？同样的质地，在商场与地摊却是不同的价格，这时人们也许会选择前者，因为这是对环境的一种选择，可是这种选择是你所需要的吗？更多的时候这是满足自己的一种虚荣罢了，鞋子本身并没有任何变化。

　　鞋子只是我们走路时的必备品，它只是一件普通的生活用品，如果给它带了一些光环，或者掺杂了一些功利色彩，那么鞋子也就失去了它本来的价值。这些鞋子的例子告诉我们，不要去追求不适宜的美，不要做不适宜的事，找到真正属于你的鞋子，才是最重要的。并不是华丽的外表就能证明它是好的，就像一座高楼，如果根基不牢固总有一天会倒塌。而外表并不起眼的楼却根基牢固，能够经得起风吹雨打。你会选择住在哪里呢？也许环境对人们很重要，可当时刻处在危险中，是否得不偿失呢？就像飞蛾喜欢扑火，去追求那本不属于自己的光明，最后只能被烧死。我们要时刻记得我们需要什么，而不要被表面的现象所蒙蔽。

都说"天生我材必有用"，是金子就会发光，哪怕你是块尘封许久的金子。只要你拥有金子所具备的一切元素，即使风霜在你身上留下了痕迹，即使岁月不断将你打磨，即使命运不断将你捉弄，却无法掩盖你是金子的事实，你依旧有自己的闪光点，有你的成就。只要你肯努力，终有一天会光芒灿烂。

不要总是低头抱怨，为什么别人都成功了，而自己却这样不堪，那是因为你没有看到光辉背后的辛酸，你只看到了结果却忽略了过程。成功的道路怎么会如此简单，你要寻找最适合自己的位置，切忌华而不实，而应当脚踏实地去走人生的每一段路，这样你就离成功不远了。

现在，经历过风霜的人又会选择怎样的一双鞋呢？也许经历过岁月洗礼的人都懂得这个道理，只是未经世事的我们依然在迷茫中不知如何选择。也许，这是时间的问题，是阅历的问题，总有一天会明白这一切的，希望这一天不要来得太晚。

到底什么才是你最需要的呢？是脚踏实地还是华而不实，是坚韧挺拔还是畏惧坎坷，是乐观积极还是消极悲观，就看自己的选择了。

成功是多种因素的集合体，只要我们心中装满希望，再用一些必备的因素做垫脚石，那么我们一定会取得最后的成功！

在 路 上

陈 晟

古希腊哲学家曾说过，人这一生，只不过三个词："出生""在路上""回家"。我们终其一生，只不过是在路上，越险滩过戈壁，"家"只是一个渺茫的希望。

中国自古就有"叶落归根"的情怀，"梦绕边城月，心飞故国楼"是游子苦旅中的哀叹，"露从今夜白，月是故乡明"是羁旅之后的中华儿女对回归家园的企盼，"人归落雁后，思发在花前"是思绪纠缠着悲哀在雾中忧叹，"未老莫还乡，还乡须断肠"是罹尽天下之磨难的旅人对故乡那深沉的爱。然而，所有的故乡又都是异乡，是路途上的一座驿站。故乡是祖先漂泊的最后一站，当他们选择在这里将心灵寄居，便将子子孙孙的根深深扎在故乡的土中。

故乡并不是"家"，那是生命的起点，是路的一端。

当一个人被赋予了生命，那么同时他就踏在了路上，然而死亡，只不过是走完了千万圈循环的路，回到了起点。当我们在路上求索漫溯，却终不知道，所追寻的终点，并不存在；生命的路，只不过是一条绕不完的盘山公路，我们无数次地周而复始，当脚将心载向远方，心就同时将脚拉回故土。人生的实质，便是在路上求索，当心与脚的力相互平衡，便将重回起点，开始一次新的轮回。人生如月，盈缺相替；人生似叶，周而复始。人这一生，就像推着巨石来回往返的西西弗斯，虽一次次回到起点又一次次重新开始，却在征途上收获了一径花香与风采，收获了欢笑与泪水。

土地是厚实的，它承载了亡灵的叹息；生命是充实的，它充溢了欢欣与颓败。所谓"回家"更似一个虚无的目的，但正因为有了归家的渴望，人才有了在路上拼搏的动力。回家并不是回到故乡，故土的回归，只是物质的皈依，真正的归家，当是在精神上得到皈依，在精神上寻得一方净土。我们求索，求索，却无数次擦肩而过；我们漫溯，漫溯，却永远在路上漂泊。前程漫漫，却总有雾霭茫茫，氤氲的水幕无数次将我们蒙蔽。心灵的驿站静默在时间彼岸，当我们与时间赛跑，朝着前方奔波，它便随着我们的步伐辘辘远去。精神的寓所纠缠着琐碎的记忆，在那雾中与我们挥手别离；一路走来，奔波与劳累是我们剪不断的宿命。

　　我们在路上行进，便是精神在路上的探寻，我们可能遍体鳞伤无功而返，也可能心灰意冷铩羽而归。但微笑与哭泣永远都是互相萦绕的和弦，不分彼此。人生不过是泪水中的欢笑，欢笑中的泪水。欢笑造就了生命的涟漪，失落更使得生命波澜壮阔。花落总有第二次花开，雁去总有第二次雁回。看看你脚下坚实的大地，它承载了千万年来人们的遗憾与哀怨，却未尝坍塌。当你跋涉过路上的巍山深潭，悄然回首，远处卧着的，是苍苍横着的翠微，不再见愁容。

　　生命的结果是统一的，而在路上求索却造就了生命的真谛。一路走来，我们与情相伴。逶迤而行，我们经历过情的羽化。春与花的情过去了，夏与叶的情过去了，秋与果的情过去了，冬与雪的情过去了，却迎来了一轮归途，迎来新的轮回。那时时刻刻萦绕心头的，是情的根须。"爱在左，情在右，走在生命的两旁，随时播种，随时开花，将这一径长途，点缀得香花弥漫，使穿枝拂叶的行人，踏着荆棘，不觉得痛苦，有泪可流，却不是悲凉。"

　　在路上，我们的历练泄露了人性最纯最美的闪光点；在路上，我们探索追寻勾勒了生命的轨迹；在路上，我们周而复始地循环却领略了生命的风姿；在路上，我们演绎辛酸与离别却不是悲凉……

枯荣随缘，遇合尽心

郑佳媛

　　每逢写作课，总听得有人抱怨没灵感，循声望去，只见皱眉咬笔，抓耳挠头，一番可怜可笑的情景。其实，灵感往往可遇不可求，正如泰戈尔所说："不要着急，最好的总会在不经意的时候出现。"

　　我想许多人都有如此经历：随手画一个圆，往往比刻意画的更漂亮。很多人不理解，只将那随意看作"有如神助"。但事实上，当我们刻意追求，总会为它定下很多条条框框，这无疑成了我们的枷锁，我们变得太过小心翼翼，有太多顾虑。又或者，当我们为一个目标而努力时，太过专注，却未发现有许多意想不到的惊喜正在转角处。悉心追求却无果，随心而至却丰收，这种情况又被称为"墨菲效应"。

　　无独有偶，许多古人也早已发现了这种情况，有言"踏破铁鞋无觅处，得来全不费工夫"，亦有"山重水复疑无路，柳暗花明又一村"，再有，"众里寻他千百度，蓦然回首，那人却在灯火阑珊处"，更有俗语说"有心栽花花不发，无心插柳柳成荫"。

古今中外亦有许许多多实例印证了这种情况，在科学领域尤为明显：古希腊伟大的物理学家阿基米德，在洗澡时溢出的水中，领悟浮力的真谛；伦琴在偶尔的一瞥中寻到x射线的踪迹；弗莱明亦是在一次失败的实验中发现青霉素……他们都在"不经意间"实现人生的突围。

既然机遇、灵感都是可遇不可求的，那我们是否该学习老庄，顺应"天道"，崇尚"无为"？或者努力做到"至人无己，神人无功，圣人无名"？

老庄所求，是一种无己、无功、无名的无为之境，是遗世而独立的，而我们正是为国家为社会奉献自己力量的青年一代，怎能消极避世？不刻意追求，但也不是不去追求，若是没有任何基础与积累，再多灵感的闪现也只会被看作异想天开。因此，我们若是要抓住这些"最好的"，就要做到立足于整体，顾全全局，要记得"东边不亮西边亮"，不要拘泥于眼前。这些机遇、灵感，往往如白驹过隙，我们要善于抓住时机，抓住机遇。毕竟，并非所有被苹果砸到的人都是牛顿，并非所有见过江南的人都能吟出"冷清清的落照，剩一树柳弯腰"这种佳句。

台湾作家简媜有一句话是我极爱的："山林不向四季起誓，枯荣随缘；海浪不对沙岸承诺，遇合尽心。"若有努力，又有这样的心态，我想，成功也就不会离你太遥远。

勇做出头的椽子

孟凡丁

"出头的椽子先烂"，这一用来告诫人们不要张扬的民间古训，千百年来一直以民族文化为依托影响着国人。人们争先恐后地后退，掩盖自己。出头者轻则被口诛笔伐，严重的"出头鸟"则被"枪打"。在"出头的椽子先烂"的舆论环境中，国人学会了大智若愚和明哲保身。于是众多椽子便不再出头了。

我曾经读过一篇文章，说的是一匹年轻的千里马，在等待着伯乐来发现它。日复一日，年复一年，直到有一天，钦差大臣奉命来民间寻找千里马。千里马找到钦差大臣，说："我就是你要找的千里马啊！"钦差大臣让它跑一段路看看。马用力地向前跑去，但只跑了几步，它就气喘吁吁、汗流浃背了。"你老了，不行了！"钦差大臣说完，转身离去。

一匹本来可以"日行千里，夜行八百"的千里马，在"日复一日，年复一年"等待伯乐的过程中，渐渐失去了它的资本和优势。在等待的过程中，将自己的才华消耗殆尽。即便最终等来了机会，自己却未必能够再胜任，岂不可惜？等待的结果更多的只能"辱于奴隶人之手，骈死于槽枥之间，不以千里称也"。

毛遂敢于自荐，终脱颖而出，锋芒毕露，抒写天生我材必有用的豪壮；海瑞冒死上书，直言不讳，痛陈弊端，终流芳百世，无悔一生；拿破仑在军事院校读书时就立誓做一名卓越的统帅，他的军队终横扫欧洲，所向披靡，他本人也一度比阿尔卑斯山还高。

群鹿中，走在最前面的鹿王为鹿群排清障碍；雁阵中，飞在最前面的头雁，为幼雁遮挡强大的气流；国家危难之际，顾炎武振臂一呼："天下兴亡，匹夫有责！"社会动荡之时，孟子掷地有声："天下太平，舍我其谁？""铁屋子"中的人们昏睡之时，鲁迅呐喊："真的猛士，敢于直面惨淡的人生，敢于正视淋漓的鲜血。"拜金主义盛行时，陈光标高调行善，勇当中国行善第一人。

第一棵凸显于丛林的树才能更多地享受阳光。"出头的椽子先烂"，成了庸者自甘堕落的借口，成了弱者自暴自弃的理由；"出头的椽子先烂"，泯灭了多少人弄潮浪尖的希望，蒙蔽了多少颗渴望远行的心灵！

勇做出头的椽子吧，让别人看到你的与众不同。尽管易遭受风吹雨打，但正是因为你能经受住这种侵袭才证明了你的意义与价值。

假如让我选择，我会毫不犹豫地选择，做一根出头的椽子！

"弄斧"应到"班门"

高兰明

"乱石江边一抔土,李白诗名高千古。来来去去一首诗,鲁班门前弄大斧。"这是明朝诗人梅之涣看到太白墓前的诗写下的,以嘲笑那些不自量力而又附庸风雅的人。

梅之涣因袭陈见,一味地谦谦然拜倒在李白名下,乃至就连后辈小子在李白墓前题个诗,都要讥讽,那就太迂腐了。其实,弄斧就应到班门。这就像对弈找高手一样,心存锐气,敢于挑战,长进才快。强将手下无弱兵,高师门下出俊才。动不动就以传统压后生,创新还有什么指望?

"弄斧"到"班门"的人首先有一种勇气,他们有对自己某一方面技艺的自信和敢于面对的勇气,他们勇于承受奚落、打击。而有些人甚至都不敢与比自己好的人比较,以维护其所谓的"自信",而实际上这种自信的本质是自卑，他们不敢与外面的世界对比，这一点有点儿像井底之蛙。因此，敢于班门弄斧也是一种对自己自信和勇气、能力的锻炼。

唐代诗人白居易，年少时带着自己的诗文去长安名流顾况家拜访，此时他就有敢于"弄斧"的勇气了，虽然一开始受到顾况的调侃："长安百物皆贵，白居不易。"当读到他的《草》时，也不由大为吃惊，又说："有如此才，居长安易矣。"要不是白居易有这种勇气，他恐怕不会被名流赏识，也就更不用谈"新乐府运动"了。

有一个叫拉格朗日的外国人，他从十九岁就和当时数学界的灵魂人物欧拉通信讨论问题，提出了变分法的概念，计算出了日地引力的抵消点，这一点后来被尊称为拉格朗日点。先不说欧拉品格高，肯和不知名的人物交流，而拉格朗日敢于弄斧的精神也帮助他走向了成功。

"献丑不如藏拙"，常是才疏滥竽的挡箭牌；"下棋要找高手"，不失有为志士的座右铭。班门弄斧，练的是一种勇气；在关公面前耍大刀，要的是一种自信。班门弄斧，对才干少的人，可以提高我们的能力；对才思敏捷的人，可以给自己开创辉煌之路。

这是真正的教育吗

王先红

如今，社会上的很多人——包括许多家长和学生在内——都认为，教育就是去上学，去课堂上学习文化知识，学习各种各样的技能，去参加中考、高考，仅此而已。

这种观点对吗？

也许我孤陋寡闻吧，以前就很少听到有人质疑，特别是某些家长、某些学校、某些地方，中考或高考升学率高，就认为是教育搞得好；反之，则是教育欠发达或落后。一味地追求分数，追求升学率。

追求分数、追求升学率的直接后果就是，高分低能、眼高手低，甚至是缺德、昧良心。这是真正的教育吗？我以前不甚了了，近读《论语》，似乎豁然开朗了。

原来，我们的古人，我们的先贤，特别是孔子，早就对真正的教育、真正的学习，做出了解释和说明。

比如，孔子的学生子夏说："贤贤易色；事父母，能竭其力；事君，能致其身；与朋友交，言而有信。虽曰未学，吾必谓之学矣。"（《论语·学而》）意思是说：一个人能够看重贤德而不以女色为重；侍奉父母，能够竭尽全力；服侍君主，能够献出自己的生命；同朋友交往，说话诚实恪守信用。这样的人，尽管他自己说没有学习过，我一定说他已经学习过了。很明显，这里的学习（或教育），是侧重于为人处世的历练，侧重于品德修养了。

类似这样的话，类似这样的观点，在《论语》中比比皆是。再如，孔子说："君子食无求饱，居无求安，敏于事而慎于言，就有道而正焉，可谓好学也已。"（《论语·学而》）是说，君子吃食不要求饱足，居住不要求舒适，对工作勤劳敏捷，说话却谨慎，到有道的人那里去匡正自己的不足，这样，可以说是好学了。"弟子入则孝，出则悌，谨而信，泛爱众，而亲仁。行有余力，则以学文。"（《论语·学而》）弟子们在家里，就孝顺父母；出门在外，要顺从兄长师长，言行要谨慎，要诚实可信，寡言少语，要广泛地去爱众人，亲近那些有仁德的人，这样躬行实践之后，还有余力的话，就再去学习文献知识。"有颜回者好学，不迁怒，不贰过。"（《论语·雍也》）颜回是个好学者，他从不把自己的怒气发泄到别人身上去，不重犯早先犯过的错误……

　　孔子教育弟子，要求弟子们首先要致力于孝悌、谨信、爱众、亲仁，培养良好的道德观念和道德行为，做到了以上这些以后，如果还有闲暇时间和余力的话，则用以学习古代典籍，增长文化知识。这表明，孔子的教育是以道德教育为中心，重在培养学生的德行修养，而对于书本知识的学习，则摆在第二位。事实上，历史上的任何朝代，无不重视学生的道德品行和表现，把"德"排在"识"的前面。

　　观照我们今天的学习和教育，是不是捡了芝麻丢了西瓜呢？是不是有点儿背离了教育的本质，舍本逐末了呢？这样的教育难免问题多多，在这种教育下培养出来的人，也难免误入歧途。"要学会学习，首先要学会做人；不会做人，就不会学习。"我很赞成沿海某私立学校提出来的这一办学理念。做人是第一步的，百教德为先，无德不成教育。

成为你自己

卢 玥

　　纪录片《我在故宫修文物》在网站迅速蹿红，越来越多的年轻人折服于文物修复人员耐得住寂寞的坚守精神。此种精神实为李克强总理提出的"工匠精神"，在自己的位置上坚守并不断努力。

　　片中年龄五十有余的师傅王津，因清秀俊逸的气质大受追捧，但他几乎婉拒了一切媒体的采访，称"不要打扰我的工作"；拒绝给粉丝签名，称"我只是一个修表匠"。王津选择了在故宫一隅修表，努力地在其修复师的位置上做到极致。他说："之前我想在退休前尽可能地多抢修文物，现在我准备返聘。"

　　年少轻狂的维克多·雨果曾发誓："要么成为夏多·布里昂，要么一无所成。"而最后，世人记住了雨果，却没多少人记得夏多·布里昂。雨果最后没变成夏多·布里昂，他就是他。雨果最终自我定位为"自由思想者"，由浪漫主义者渐渐转变为自由主义者。南开大学教授熊培云曾在《自由在高处》一书中提及"三十岁之后，我渐渐认为'要么成为熊培云，要么一无所成'"。

没有谁的人生可以复制，也没有必要去复制，你只需要做最好的自己，在自己的位置上竭尽全力，就好。

获得第100届普利策新闻奖作品《血汗海鲜踢爆奴隶劳工新闻》的作者之一马奇马森曾言："作为记者，没有什么比见证自己的作品对报道对象的生命有如此深远影响更令人欣慰的事了。"是的，作为记者，马奇马森一直记得自己的位置及应肩负起的责任。多少媒体人全然忘记了自己所处的位置与责任。五名美国女记者，跨越几年时间，横跨多个国家，只是为了一篇报道，其间阻力之大令人不敢想象，但她们克服了种种困难，最终揭露了东南亚海鲜食品业中的奴役现象。

事实证明，努力在自己的位置上做到优秀，也是通往成功的一条通衢大道。而那些眼红羡慕于他人成就，打算"东施效颦"，复制他人成功的人们，不如多找找朱德庸所说的"自己的天赋"，在精确地自我定位之后，埋头苦干，"种好自己的豆子"，甭管"他人的花生"长势如何。来年秋收，必是硕果累累。

要么成为你自己，要么一无所成。

请，成为你自己。

落日返思

像落叶那样思考

吴依阳

阳光大片大片地从树林间洒下来，我抬手想要将这阳光阻挡，却看到一抹彩色的碎叶钻在我头底炫耀。忽而，微风拂过，红蝶飞舞，是深秋了吗?

轻轻拾起一片落叶，叶子黄中带绿，还没有完全枯萎，就已经走到生命的尽头。但至少在它下落的那一刻，它看到了整棵大树的壮美，也终于实现了生命的价值。

我曾独自一人漫步在林间小道，也喜欢独自一人坐在树下静静地倾听，倾听大自然一切美好的声音。

手中握着那一片枯叶，思绪却早已飘散无影。总记得那一次在树下，树叶早已脱落，只剩下几片依旧颤巍巍地悬于枝头，仿佛在做生命最后的挣扎。忽然，"咯吱"一声，孤单的落叶再也坚持不住了，晃晃悠悠地落下了。我追上前去，像要一睹它的芳容。然而，却看到它在冲我微笑。是我眼花吗？噢，绝对不是的。一会儿，它终于落到地面。来往的行人纷纷踏过，叶子盘旋着飞起，又盘旋着落下，直到笑容融进大地。

良久，落叶的微笑在我心中挥之不去。月夜，花儿无语，我无语。推开窗，窗外正唱着哀悼曲，是谁又去了吗？

我躺在床上，四周被这嘈杂声所萦绕，我却心静如水。我也终于明白落叶的微笑。那是大自然给我们的一种启示呀！

落叶是壮美的，因为在它下落的一瞬间，终于看到了大树的壮美。尽管不舍，却依旧坦然地面对死亡，在下落的一瞬间，却也不忘环绕飞舞一番。以辉煌来淡化死亡，因为它知道：生命是会归来的。就像苏东坡所说的万物都是无尽的。

风吹开飘零得泛黄的日记本，我急忙起身，流泻这一段文字："生命是会归来的……"

来年初春，我漫步于那条林间小道，老远就已看到那树新芽满枝。还是在那片落叶落下的地方，新芽正迎风跳着属于它一个人的舞蹈。果然，生命是会归来的。

我们应像落叶那样思考：生命无尽亦无穷，人生永绽新芽。

落 日 遐 思

郭　鹏

仲夏，刺眼的阳光与灼热的空气在追逐着一比高低。傍晚，彼此都累了，西空升腾起一抹红霞，宛如酒宴后醉意蒙眬的少女脸上泛起的红晕。

我依旧与峰去那不远的小山头上欣赏落日。

天空如一面鲜红的旗帜，展开，飘扬，翻卷……山林中，蝉鸣不已，鸟雀横飞，蛩音如雨。那一湾浅浅的溪水也被染得通红，风过处，那酽酽的红在涌动，渐而趋于平静。岸边厚厚的青草，也在风后涌起一波又一波的翠浪。

"重复着昨天的内容。"峰卧于草丛，半嚼着草根，半眯着眼。

"有什么不对的吗？"

"难道你不觉得单调吗？"

"单调？"我微微一惊，略抬起头，远处，凄艳的晚霞开始凝聚，渐而散开，散开又凝聚。落日熔金，寒鸦数点，青山披朱。这不就是昨天、前天、大前天……的风景？

"既然你觉得单调，为什么又天天来看落日？"

"因为我本来就活在一个重复的世界里。生活，学习，每一天都重复昨天的过程。如此，我……"

我猛然一惊，仿佛一块悬着的巨石顿时坠落无底的深渊。是啊，难道我又不再重复吗！溪涧青草，昨天花开，今日花谢，还有那林间飞鸟，崖际青松，飞云蹲石，那……一切生命似乎都在重复着。为何我又来看落日？难道世界只是一种无意识的重复吗？

我悠然地来到水流翻卷的河边。清澈的河水沾湿了我想象的翅膀，突然一个熟悉的身影出现在我眼前。那是孙康吗，寒夜里一次又一次裹着寒风厚雪月下映读？也许是岳飞，操戈边塞的赤子？也许是孔子，一位不知疲倦耕耘经书的夫子？……这是一条流着历史流着岁月的河，竟如昨日。岁月翻起的一江又一江滔天巨浪，总在一起一伏中流向远方。天空，霞光渐淡。透明，暗淡，幽邃，从历史深处传来一声召唤——

岁月，重复的只是一种外在形式，变化是它真实的内涵！

一声声清脆鸟鸣将我催醒——鸟儿归巢了。蓦然间，我发现，那溪畔的花朵似乎比昨日开得更艳了，那雏鸟的飞翅也比昨日更显轻盈，那孤寂的青松也比昨日更显傲骨，那将要落幕的彩霞，不也比昨日更加多姿多彩了吗？

旁边的峰，早已在清风下梦会周公，远方青黛的山显得更朦胧了。人，不也要在一次又一次的重复中追寻那变化的步伐吗？重复只是一次次的表象，前进才是真正的目的！

摇醒峰，我们悄悄下了山。

水 的 遐 想

刘险峰

　　地球是太阳系中水最丰富的星球。从覆盖这个"水的行星"四分之三面积的海洋中，人类慢慢游出来，从海洋游向陆地，从鱼类游向人类，母亲的水一直柔和地围绕着我们。我们身体的百分之七十是水，水就是我们的本质。水无骨，水最纯粹的部分却化为灵魂，如骨头一样支撑着我们的生活。水构成了我们，我们本身就充满水最深、最丰富的内涵！

内涵之一：水是我们自由的形式

　　夏天哼《我是一片云》，冬天咏"一片冰心在玉壶"。

　　云和冰都是水。火热奔放如云，成熟冷峻如冰。我们形式多样，因为自由不会固定。自由的水总是充满生机的水，充满生机的水必是流动的水。周末朋友聚会，假期外出打工挣钱，到社会中第一次证明自己……在现实中，我们投身社会实践，如水一样四处"流动"。毕竟我们不是死水一潭，"平静的水面练不出强悍的水手"。

毕竟，水更能代表我们，是因为——

内涵之二：水是我们理想的人格

无数次从杰出的人那里，找到水所投射出的太阳的闪光点。那些优秀品质足以镀亮我们的一生：自己经常探求前进方向的，是水。自己前进，也推动别人前进的，是水；遇到障碍物，在困难面前，却能发挥百倍力量的，是水；能澄清自己，洗净他人，具有容清纳浊度量的，是水；升腾为云雾，凝结为冰霜，不管变化如何巨大仍不改其本性的，还是水……

为什么使礁石千疮百孔的不是猛烈的造山运动，而是轻柔拍打的水？为什么让我们感动的不是头破血流的跌倒，而是母亲那化作眼泪的水？那是因为——

内涵之三：水是我们拥有的感情

现实的水滋润着我们家园的葱茏，而情感的水滋润着精神家园的葱茏。大自然反常，洪水会毁掉它曾滋润的家园。1991年春末夏初江淮中下游的青年比我们有更深刻的认识。同样，失去理智的堤岸，长高情感的水位，事业的苗圃、精神的家园就会有场浩劫。

感情淡泊使人平庸。感情可以如水乡河道纵横交错，感情可以如绿水清流低吟浅唱。

让我们的感情如故乡水道环村绕，永远滋润故乡的葱茏。为什么最普通的水有最深刻最丰富的内涵？因为水就是永恒啊！水滴会干涸，大海却永远广阔，小小的水滴能在大海中永远欢跳。水是生命力的源泉，生命不能永恒，有限的生命却能在奉献中得到永恒。

雪莱，这个"名字写在水上的人"，为独立解放战斗而死；王诗超，这个治水英雄为家乡财产、人民安危，将生命融入水中；屈原，洁白清忠投身汨罗江；水，让一切献身于她的人永恒！

斑　驳

竺筱笛

究竟是时间在苍老还是岁月过于斑驳？

有时候，一把生了锈的锁，一道有些暖意的阳光，一张藤丝张裂的旧椅子就可以把人带回已经腐朽的过去。很多人，就是心甘情愿地待在那个早已不存在的过去里——在一个午后，坐在大院子里，听收音机里没有调子的琴音，谁都愿意过这样的日子，惬意而无烦恼。

可人，终究是要有所追求的。心中斑驳的瓦楞脱落的那一天，才是新的一天。我们并不只是活在过去。那些回忆亦只能是回忆，我们从来都不是它的囚徒。想起《士兵突击》中老马的话：人活着，总得给自己找点儿事做。我看着他的微笑，他有些潮湿的眼睛以及他身后那条荒芜的路，我甚至陶醉在他这一句朴实的话里。没有人烟的山野，看不到人也永远不被人注意。周围只有山以及杂乱的草，空中偶尔飞过的鸟群是最鲜活的生命。在这样的环境下不绝望不放弃，也不让自己陷在过去的戎马人生中，应是伟大的。

也许，有时候的人生也如此，无论过去是怎样光鲜、喧嚣，至少在某一刻，是寂寞的，是低迷的。没有朋友，没有安慰，所看到的是黄沙满目，所听到的是萧瑟风声，自己的影子在微弱的光线下斑驳陆离，一个人，只能一个人在这漫长的路上摸索。倘若这个时候心里放着的、脑里想着的只有过去，那么前方会愈来愈黑，脚下的路也越来越长，最后连心也迷失。而若直视前方，纵使没有光亮，心中的那丝光也不会灭。

过去的仅仅是个过去。就像一堵朱漆门，曾经宏伟庄严，总有一日会掉落所有的颜色，露出斑驳的铁皮，锈迹斑斑。当你与先前一样再次推开它时，它已全然没有了之前的骄傲，也许在某个刹那轰然倒下，将里面腐朽的一切暴露。

亦如人心。时间久了，心中的一些隐晦的角落便会呈现，肆意地表现着自己的绝望，内心与过去的抗争，终究抵不过那个曾经的自己。除了自己，没有人会再记得你曾经的辉煌与荣耀，那些被津津乐道太久了的陈年旧事也随着时间流逝，那些引以为傲的过去也成了已经腐烂的残渣。隐藏太久的过去，会让自己失去新鲜的光泽。只有面向前方，整装待发，才会让人记起，那个有着美丽故事的你。

很多人习惯说"我过去如何辉煌"，他们执着地固守着自己的过去，却不知道所谓的过去因为不愿忘记已然束缚了自己。自己的将来仅仅在为过去做着无力的申辩。只有舍，才能得。比尔·盖茨从哈佛走出来的时候就忘了过去，从软件开始他全新的人生，于是他获得了财富与名望；冯骥才从保护文化遗产的道路开始就忘记了过去，他不是作家，却是一位坎坷大路上的先行者；张鲜在地震中失去妻子孩子后，就忘记了过去，奋力投身到抗震救灾中，他全心全意要活出三辈子的滋味……其实，过去的事只是为了将来更好。"一江春水向东流"，只要在流动，便在向前。

忘掉过去，为将来的自己多做点儿事，哪怕是做一个未来的梦，也好过永远活在过去的荣耀或者痛苦中。让那些斑驳的记忆随时间而剥落了吧。

让我们在莲上品诗

万昱东

　　这个暑假，一时清闲，随手捧起一本作文书阅读。上面的文章大都文辞华丽，优美可人。可正因为如此，读着读着，就开始有了审美疲劳，越读越觉得作者有"为赋新词强说愁"的做作之感，如吃味道香甜的奶油，愈吃愈腻。

　　随意一翻，看到一篇林清玄所写的《用岁月在莲上写诗》。一提到莲，便自然会想到"接天莲叶无穷碧"，抑或是"小荷才露尖尖角"这样意境优美的诗句，或想到《荷塘月色》中描写的江南采莲的热闹景象。可这篇文章却着力地刻画了采莲人如何早出晚归，辛勤劳动，只为了维持一家人的生计，却从来无暇欣赏莲的田田之美。文章的描写细腻感人，其中一句话掷地有声："我们用一些空虚清灵的诗歌来歌颂'莲叶何田田'之美，永远也不及种莲的人用他们的岁月和血汗在莲叶上写诗啊！"

读毕，我想：千百年来无数文人将笔头写烂来写莲也总跳不出一个圈子，而林清玄却能找到如此震撼的人文视角。即便他读的书再多，若未能亲眼看见种莲人劳作，这种文章怕也是写不出来的。这便是生活这本大书给予人的不同感受。

人们常说"读万卷书，行万里路"。今天我们大都践行了第一句，可后一句的践行者甚少。古代读书人一生都会有一次"壮游"，目的是为了游访名山大川，品察社会百态，从生活实践中获得知识和智慧。

不知你有没有这种感觉，深居书房，虽有书墨之香，但物极必反，香久亦臭矣。越读越觉得心中荒芜，这是无事的荒芜，满章理论道理不知何处是用。读书对人来说，既是"明道"，更是"致用"，满腹经纶却无法用于生活实践则是死读书，而这个一天到晚"之乎者也"的人就是书呆子。我们应该学会多出门走走，多观察生活，大到宇宙乾坤，小到市井小事，都将会成为我们智慧与灵魂的来源。这就是在读一本"无字之大书"！

所有智慧感悟都来源于生活实践，领悟智慧也要贴近生活，努力实践。生活就像一本大书，我们应该多去读它，品它，才会"受益颇多"。

思毕，看着书架上塞满的书本，我想：有字书读了万卷，也要开始读些生活实践的"无字之大书"了。书本知识固然重要，却总没有生活实践中来得生动。正如与其背诵上万篇咏莲诗，也不及亲自去莲上品一番。

现在，我倒期望能亲自去看看莲，不管是观美丽的莲池，还是看热闹的采莲，或是品莲农的辛酸。反正只要自己亲自去感受莲，胜过读千千万万咏莲的美诗佳篇。

于是邀上几位同道之人，出门一同去读这本"无字之大书"！

小心美丽的陷阱

李文强

八十一难中，唐僧面临的最难过的一关是什么？是那烈焰熊熊的火焰山，还是那波涛滚滚的通天河？都不是，是女儿国国王的一声"御弟哥哥"。

吴承恩先生设的这一关太难，大概人世间没有几人过得去，因为唐僧只要放弃前途未卜的取经便可拥有一切，一切现代人想拥有的。如权力、地位、爱情。

大唐对于他已很遥远，而西天对于他还只是个传说，设想一下即使是取得真经又如何，更何况谁也不敢打包票说他一定取得到。

即便有号称齐天大圣的孙悟空保护，唐僧也多次遇险。孙大圣多次在那些神通广大的妖精面前无计可施，靠人际关系搬救兵才把事情摆平。谁敢说一定能走到西天呢？

再设想一下，如果唐僧放弃取经呢？那么他会是女儿国的国王，一国的财富为他所有。而且身为全国唯一的男性他会拥有无限的荣誉和如云的美女。换作现代人，即便是女儿国国王跟东施似的，他们也愿意，何况女儿国国王很漂亮很婉约，可以说是典型的梦中情人的代表呢。最高的地位，最大的权力，最多的财富，最美的王后，这么难的一关，让这个一心取经的和尚碰上了，如果换作我们，应当惊呼为"人生最大的机遇"！

我相信再多再恶毒的妖怪所形成的阻力，也比不了女儿国国王这一关。不是说女儿国是每个男人向往的天堂吗？不过，悲哀的是，女儿国国王碰到的是个和尚，是唐僧这样的和尚。

唐僧面对这些，只做了两件事，第一件就是目不斜视地念经，第二件就是不停地流汗。流汗是个很有趣的现象，如果这位高僧真的视美女为白骨，又何必流汗呢？唐僧毕竟是人，而不是神。

可唐僧最终还是胜了，他走过了这一关，或者说是闯过了这一关。一个连女儿国都走得出的人，会走不到西天吗？前面的困难再艰险，对于这个胸怀朝圣之心的人只不过是不值一提的小测验罢了。

他走过了"花丛"，那个充满最多诱惑的地方。

我们在生活中遇到的困难没有唐僧的大，也没有唐僧遇到的多，我们见过或经过的花丛，也没有他经过的漂亮。但是只要我们想成功，就应该有一点儿"唐僧精神"，不是吗？

落日遐思

《《《

叶 子

许贝贝

  时钟将岁月分割成一秒一秒，每秒钟对我来说都太过短暂，我眨一眨眼就与之擦肩而过了。蓦然回首，那些被我丢失的无数个瞬间在我身后排成了冗长的岁月，像被我轻易剪掉的头发，轻声掷地，甚是零落。而叶子，一群孤单的流浪者，用生命经营着那些冗长又脆弱的短暂，直到被遗忘在风里，没有留下悲壮的白发和后悔的叹息，只有飞翔被植根在她生命的最后篇章里，凄美成永恒。

  叶子是不会飞翔的翅膀。从出生到死亡，她们都在练习飞翔。当她们第一次知道生命是什么的时候，就明白死亡终是她们的归宿。她们暗暗告诉自己要优雅地离开。于是她们假装不懂，妩媚地冲着阳光雨露微笑，她们只是不想打扰世界的宁静罢了。当第一缕阳光掰开她们惺忪的睡眼时，也顺便告诉了她们一个秘密——只有懂得飞翔，才能勇敢面对。叶子纤细的血脉里开始流淌信念的汁水，支撑着她们冗长的一生——每天问候黎明，无数次重复氧和碳的分分合合，看灰尘跳不厌其烦的舞。自生至死，一载的漫长，她们安静地注视着人生百态，用被束缚在枝头仍倔强勇敢的身姿和风互诉衷肠，始终不变那个根深蒂固的习惯——练习飞翔。是的，叶子无时无刻不在羡慕自由的风，她们要飞翔，因此她们心甘情愿等待冗长的一生。

可是那些望着时钟发呆的漫长有时也很弱不禁风。当叶子顺从地陪伴每一朵花开的时候，有的情不自禁地忘了自己的等待与信念。她们年轻气盛，冲动地去追逐柏拉图的永恒，她们忘了自己还没学会飞翔，她们小小的身体载不动无情的风雨，她们稚嫩的飞翔遂与那些醉人的花被埋葬在雨水和风纠结的地方。叶子只有一只一生都在执着的纤细的手，和一个一生都在飘摇的单薄身子。她们告诉自己绝不松手，永不放弃，可是她们的绵薄之力和小小的决心并不能改变什么。风还是肆虐，雨还是暴躁，人还是残忍。如此而已，她们年纪轻轻就不幸夭折了。唯一记得她们的也就只有同样行走在风雨中的扫路人。

看到年岁的白发的时候，叶子学会了飞翔。她们走到了黄昏的尽头，失去了依靠的力气，叹了口气就松手了。她们第一次也是最后一次真正飞翔了。是翅膀终究会飞翔。原来飞翔的时候可以闭上双眼，好轻好柔。风柔和了些，阳光哭了。最后疼痛着被遗忘了，叶子的一生。

叶子是不会飞翔的翅膀，翅膀是落在天上的叶子。

放

陈 洁

　　这个夏天的五月，对于我来说，比上个五月热得多，并且我的房间还有点儿闷，我的心里早就承受不住了，都已经闷得发慌了。

　　从这个学期开始，我就变了。

　　自从"交"了那群所谓的朋友，我就开始闷了。

　　我在自己的房间里，让门关着，因为我不想让这沉闷的空气流动，不想让它们混入父母的心房，而使父母也跟着我受罪。

　　想着明天有新的阳光照在我脸上，真觉得惬意，可是一想起她们那魔鬼般挥之不去的身影，我的天空就闪电般地出现了阴霾。

　　因为有她们，我心里一点儿也不踏实，就连做梦，都仿佛听到"给我答案，不然就不要说是我朋友"的声音环绕着我，久久没有消失。我不明白，为什么梦里声音能传那么久。

思，是我小学就认识的朋友，那时的她，天真、可爱，严于律己，通情达理。

可是，自从过了那个假期，她变了，正如"物质是时刻变化的"，我再也找不到以前那个她了。现在的她，与一群花枝招展的女孩儿在一起，使我再也辨认不出哪个才是真正的她，我把自己的无奈归根于时间。

我不想失去有美好过去的友谊，我也曾付出过努力，比如写纸条给她，让她找回真正的自己，可是，她对我付诸一笑，我知道，让她从她现在"美好"的生活中超脱出自己，洗涤自己的灵魂，已经得不到她肯定的答案。

于是，我沉默了，我彷徨了。

不知道是我沉闷的空气向门借了个通行证，还是它们掺和在清新的空气中门无法看清，蒙眬的双眼无法辨认哪个是真哪个是假，放了它的行，我隐约感觉到，爸妈好像被呛得无法呼吸。

我更加不安了。

"洁，到外面来歇会吧！房间闷。"糟了，爸爸叫我，真是知女莫若父啊！我以后再也不会对古人的话持怀疑的态度了。

我来到院里，深吸了一口气，尽量不让自己沉闷的呼吸外溢。

"走，跟我去看看禾苗和秧田里的水。"对爸爸这种有事不直抒胸臆的个性我早就司空见惯了。

快到田里时，我发现有一块田里的禾长得格外好，但我没作声。

"哎呀！怎么这么多的水了，有些根本就是多余嘛！娃啊！你知不知道我为什么说是多余？""因为水过多，禾苗就无法进行有氧呼吸，只能无氧呼吸，释放出酒精而毒害本身。"我自信地说。

"其实，你只答对一半。"

"哦？"我震惊。

"你想，做人不也是这样吗？如果你拥有的东西中间有些是多余的，正如你说的'危害本身'，那么，为什么不尝试着放弃那些，让其随时间流逝呢？"

我若有所悟地望着父亲把围田的泥土开了个口，水"哗"的一声从我身旁流逝。

回家的路上，父亲叫住了我说："现在回头看一下，我想你应该知道为什么你老爸种的禾比别人的好了。"

父亲，用这种最简单的，他最熟悉的方式教给了我为人处世的方法。

是的，"放"是彷徨后的执着，是化繁为简的睿智，毅然放弃生命里那些多余的，让其随时间流逝，生命才会更加精彩。

寻找天堂的鸟

刘丰源

窗前有一根羽毛，平凡的灰色，黯然地躺在窗台上，偶尔颤动一下。

我仰望天空，没有风起云涌，湛蓝且平静。试图寻找那只粗心的小鸟，未果。或许它正在换羽毛，也有可能用喙啄跳蚤时不小心落下了，甚至，它被哪个顽皮的小子用弹弓射中了，或者是在迁徙途中累死了……种种猜想，得不到任何回应。突然想起泰戈尔的诗句："天空中没有翅膀的痕迹，但我已飞过。"泰戈尔是不是把自己想象成一只鸟？在新春飞来飞去搬运筑巢的枝叶，有了宝宝后又为它们觅食，冬天来了坚强地迁徙。鸟儿的一生充实而伟大。

爱鸟之人，非陶渊明莫属。他在《归园田居》中写道："羁鸟恋旧林，池鱼思故渊。"他把上层社会斥为

"尘网"，把投身其中看成是"羁鸟"；"山气日夕佳，飞鸟相与还"中的鸟摇身一变，变成了恬静、悠然的象征；而《归去来兮辞》中的"云无心以出岫，鸟倦飞而知还"亦是与"羁鸟恋旧林"有着异曲同工之妙。由此可见鸟之灵气，若在笼中则让人寄托渴望自由闲适之情，若在空中又成了诗人羡慕的对象。无论何时何地，鸟总是人灵魂深处的知己。它的眼眸小巧闪亮，偶然的一瞥，间或地一转，神气与美丽不言而喻。

我相信，鸟是最懂感情的。有一篇童话，叙述的是鸟妈妈和鸟宝宝在一户人家的大院里安了家，因为鸟宝宝曾从树上的巢跌下过，所以妈妈在地面筑巢。可是，冬天到了，宝宝还是瘦弱得无法经受长时间的迁徙，就留在了原处，鸟妈妈要飞去给它们觅食。后来，鸟妈妈快累死了，托风把它的眼泪寄给宝宝，让泪珠告诉宝宝："千万别让大院里的野猫给捉住了！"又是一个迁徙的悲剧！据说，迁徙危险而漫长，有许多鸟儿掉队或者在途中被射杀，但它们不作任何放弃。有人说，那只是一种习惯，习惯了一种残忍，便丝毫不觉悲壮或伟大。可我以为，即便是习惯，那也要多大的勇气与毅力，很有可能在血与泪的挣扎中最后还是逃不脱自然的主宰，惨烈地死去，羽毛陨落，身体被野狗叼去……

我们只是肤浅地认为，布谷叫代表着春天来了，杜鹃叫得十分凄婉，麻雀聒噪得让你哭笑不得，百灵与画眉叫得最清脆动听，鹦鹉总是喧闹着模仿人。然而，它们也许在为恋人歌唱，为亲人歌唱，为自然母亲歌唱，也为自己短暂的生命与坎坷的路途歌唱。它们或许交流着哪种虫子比较可口，哪棵大树最温馨，哪户人家最友好，哪个宝宝最健壮。于是，人类愈发地自以为是，砍树，捕鸟，掏鸟蛋，戳鸟巢……可是鸟儿又能怎么样呢？它们只有不知疲倦地歌唱，歌唱……

　　我将羽毛小心收好，如果有鸟儿回来寻找，我一定微笑着还给它，请它别再忧伤，别再忧伤。

人在楼梯上

罗　通

看累了，就下来吧。

——题记

　　那时，月明星稀的夏夜，年幼的我总喜欢跑到楼顶上去看那轮或圆或缺的月亮。看得入了神，耳际也总会飘来母亲的温馨话语："看累了，就下来吧。"于是，我又唱着歌儿一蹦一跳地下了楼，只剩下那高高挂在树梢的明月和隐藏在树中"知了，知了……"的蝉叫声在身后，似乎在呼唤着什么。小时候，不谙世事，也就并未去深刻地理会它们，而如今，长大了，再默默地、细细地体味，不觉有点儿人生哲理。

　　人生，就近乎是在奔走于楼梯上或楼梯下而消磨完的。

上楼，我认为这是追求梦想和朝着梦想进发的过程。这时的你正是一个慷慨激昂而又豪气冲天的少年，带着家人的期望和对未来的憧憬，努力拼搏着。而已过壮年的父母用期盼的目光凝视着你，期待着你胜利而归，毕竟，父母总希望自己的孩子是最棒的，父母的鼓励以及自己的信心让你勇往直前，攻克着一个又一个的困难。明月当空之时，疲惫的你看见了月亮，从树影里漏下的几丝金线，你也许会情不自禁想到了双亲，于是你又有了无穷的力量。

下楼，也许是你人生中消极惨淡的时候。人总会有失意落寞之时，在壮志未酬之际，明月悬空，你便倍加黯然神伤。那几丝金线也交织在一起，化为你的愁绪，你的心一下子跌到了谷底。回想起当年意气风发之时，真有"气吞万里如虎"之势，而如今，只能哀叹自己的命运不济，于是，你想找寻一个能使你温暖的地方，来融化你那伤痕累累的心，你不由自主地想到了家，无论在什么时候总能给你慰藉的温暖而幸福的家。你脑海中闪过一个念头：回家！于是，孤独的浪子又投入了年迈的父母的怀抱，在他们的怀抱中，你疲惫的心瞬时有了温馨的感觉。而年老体弱的父母也早已老泪纵横了，然而话语还是温馨的，可惜声音已经变了，但你感受更多的还是他们的眼睛，还是那样富有关爱，富有期望。

"看累了，就下来吧。"或许这就是人生的真谛。

重整旗鼓，于是你又奔赴那遥远的他乡，留下的还是那两双富有期望的眼眸和那一轮故乡的明月。

举手投足之时，上楼下楼之间，时光在悄悄地流逝。

事事在变，人人在变，而双亲对你的关爱永不变，直至天荒地老，海枯石烂。

"看累了，就下来吧。"

复得返自然

文 生

陶渊明曾说过："久在樊笼里，复得返自然。"

现在的社会开始失却自然，自然的痕迹也越来越少。不是吗？自由而充满生命气息的土地在钢筋水泥的管教下显得服服帖帖；高楼大厦越是高耸，我们就距"离恨天"那块多情的石头越来越远。

曾经质朴、鲜活的文化习俗被所谓的"民族风情"所拐卖，早惹得一身铜臭。更使人悲哀的是，人内心的山水遭到了破坏，我们竟然浑然不觉：在许许多多的旅游胜地，我们所看到的除了摩肩接踵的人群，就是新建起的一些莫名其妙的"人文景观"。原本只是安装在写字楼、高层建筑、酒店或商场的代步电动梯道，竟堂而皇之安装在张家界这样的国家级森林公园里，至于连接山头和山脚的缆车，几乎遍及需要登山的景区。登山，本该是最接近自然的运动，却成了写字楼活动的一个翻版。

那些背着三脚架，手持相机，忙个不停的游人，让照相机嚓嚓作响，摄像机一刻也不停歇地工作，却很少让自己的心灵与佳山秀水进行碰撞，很少捕捉到自然对我们的潺潺爱意。就在这无数个不经意间，我们错过了无数美妙的时刻，最终留下的，不过是几张光碟，一堆杂乱的相册。

今年暑假，我去了向往已久的雪域高原。当缓缓走下舷梯，摘下墨镜，放肆地嗅着芳香而圣洁的空气时，我的心沉醉了。抬头望天，看到雪山顶那块机翼刚刚掠过的云团，映着湛蓝无际的天，天底下被风吹得哗哗作响的经幡，心灵之震撼，难以言喻。那种悸动的感觉，好像一直存在心底，却总是因为太多的忙忙碌碌忽视了它的存在，或许这就是来自自然的感觉吧！

18世纪有位自然学家林奈，他专门建了一座花园，曾彻夜不眠地守候在牵牛花身边，观察它的开放时间。这是多么有趣呵！两百多年过去，这种守候仿佛是一则童话了。人们总是在说现在的时间不够，无暇在花朵前停留，只好将自己锁在精确的钟表里；就连尚处无忧时期的青年，也有太多太多的无可奈何，太多太多的束缚。都说这世上只要有心就没有什么不可能的，可我们太懒，回到家急急掩上窗帘，掩去窗外的篱笆和牵牛花们，倒头便睡，又何谈与自然相亲近呢？

随着时代进步了，我们似乎拥有得更多，物质生活颇为丰富，文化生活也在不断发展，可我们却备感困惑。火箭上天，雄鹰坠地；汽车越多，气温越高；森林滥伐，沙尘频频；电流奔涌，水流干涸；霓虹耀眼，月儿黯然。自然的成了不自然，就连女孩子的漂亮也是假的！经济越来越发达，科学技术日新月异，可我们需要的自然呢，为什么离我们愈来愈远呢？

走出社会给你定做的小屋，取下自己给自己带上的枷锁，你会发现窗外正有一只美丽的蝴蝶飞过，等到那时，或许才是——复得返自然。

苍月晒红

罗　铃

你说，文轩驷马，黄金彩缎，不过是两岸转瞬即逝的江山胜景，过眼烟云罢了。

你说，美酒佳酿，锦衣玉食，怎敌它晚来风急、夜深人寂？铅华洗尽，云散月现，寂寞，无行路。

你还说，披蓑戴笠，草鞋肩担，遇见他，让你如获新生。

听惯了高山流水，阳春白雪，却还是第一次听你说出这样悲戚而又无奈的话。

一年中秋，圆月当空，风雨过后，更显清亮，如日晖万丈，映得江面波光粼粼；天地之间，难辨昼夜。独坐船头，你捧起我，轻轻弹奏，还是那曲孔子叹颜回，还是那无以言喻的哀伤，同这潮水一起，铺天盖地而来……

我不懂，也不想懂，你和我日夜不离，我理所应当地自认为懂你，直至那个夜晚……烛光轻曳，琴歌欢欢。你以琴音相问，而隔案那人应答如流；你以琴歌相邀，而隔案那人和歌而唱。他黝黑的脸庞在灯火下熠熠生辉，你苍老的面容在火光中更显神采飞扬。阳春白雪，下里巴人，原本风格相悖的两种琴音，此时交汇成完美的共鸣。在高山流水的余音中，你俩开怀地笑着，直到他的背影消逝在晨雾弥漫的江面上。

东方泛起淡淡的鱼肚白……

你说，颜回知孔子之音，而子期知汝之音。你们一同在乐音中游访名山大川，纵览江河湖海，还约定来年的中秋故地重游、弹琴相会……自从那时，在对月的楼阁上，总有你独自抚琴的身影，总有"子期，子期"的轻声吟诵，总有行云流水、一气呵成、响彻云霄的琴音。你是如此坚信：那个在江边苦等，远眺归船的人，一定是一个叫钟子期的人，而那个手抚着琴，与他沉湎其中的人，一定是一个叫俞伯牙的人。

第二年的中秋，苍凉的月亮挂在天上，江面上冒起阵阵寒气，月光还是那样强烈，烟波江上，寒光乍现。

一位叫钟子期的樵夫静卧在江边，一言不发，不似当年。

你说，你来晚了，来得太晚了。尽管此时月光明亮，如同白昼。

对着坟头，你拜了几拜，面无表情地，将我捧起，手指轻抚着，还是那曲孔子叹颜回，还是那无以言喻的哀伤，同这潮水一起，将我淹没……

曲罢，余音未散，你猛地将我举起，砸向石碑。我，你最珍爱的，价值连城的瑶琴，被摔了个粉碎……

破碎的刹那，我看见苍白的月亮明晃得刺眼，你的背影泛起毛边，颓然倒下。隐约地，有什么东西刺痛了我——原来，你说的话是真的，原来，我并不懂你；原来，你只有一个子期。

月色迷蒙，隐约有琴歌飘来："摔碎瑶琴凤尾寒，子期不在对谁弹！春风满面皆朋友，欲觅知音难上难！"

如果，如果那轮圆月之下，那层红波之上，我也能用心地倾听你的琴音，我是否，是否也能成为，你的子期，你的，知音？

谁家玉笛暗飞声

韩 雨

在灯红酒绿、物欲横流的社会中，或许只有梦，才能带给人最原始、最直接的慰藉。从垂髫孩童到花样年华，在似水流年中，在我的每一个梦中，都似乎有一支玉笛，吹出的音律跨越时空长河向我走来，笛声悠扬，把我带到那像在一层薄纱后神秘微笑的峥嵘岁月。

我曾敬畏地把那支玉笛称为历史。而那悠扬典雅的曲调，我们称之为——诗。

梦中，我曾踏着笛声，来到那遥不可及的鸿蒙时代。芦苇青青，上面凝满了白色的霜，遮蔽了人的视线。在芦苇的另一边，有人不顾寒霜，轻轻吟唱："蒹葭苍苍，白露为霜。所谓伊人，在水一方。溯洄从之，道阻且长。溯游从之，宛在水中央。"千年前的风雅，依旧灵动。如一首浸淫古风又温润如春的笛曲，存活于人们心中，等待人们自己去采撷。诗三百，只不过是一曲纯真的乐章，是前生无邪的记忆。

梦中，我曾踏月而来，让月光衣我以华裳，让繁星成为我身上最华丽的点缀，让盛唐的巍巍雄风为我铺开道路。啊，身处堂皇的大唐，身处诗仙的年代，又怎能不豪放？"自把玉钗敲砌竹，清歌一曲月如霜。""我歌月徘徊，我舞影零乱。"在这张狂的少年时代，我唯愿当歌对酒时，月光长照金樽里。身处那个雍容华贵的朝代，我只想与诗仙一起长啸："别君去兮何时还，且放白鹿青崖间，须行即骑访名山。安能摧眉折腰事权贵，使我不得开心颜！"即使梦已醒，眼前仿佛仍有公孙大娘"矫如群帝骖龙翔"的翩翩舞姿。

梦中，我曾乘一叶扁舟，手持短笛，在梅雨季节来到优雅的宋。琴声暗哑，可是柳三变在"忍把浮名，换了浅斟低唱"。琵琶黯然，是晏小山叹："记得小蘋初见，两重心字罗衣，琵琶弦上说相思。当时明月在，曾照彩云归"吗？可是因"欲将心事付瑶琴，知音少，弦断有谁听"？你听，几百年后，有人在唱："我是人间惆怅客，知君何事泪纵横，断肠声里忆平生。"

在梦中，我跨越万水千山，在一首首诗、一个个旋律中流连。在我心里，它们不只是单调的文字，而是一首首歌，是这世上最牵动我心的声音。

谁家玉笛暗飞声，散入春风满洛城？这一首首诗伴着笛声，散进了全世界，也牵动了，无数人的心。

在梦中，我跟随着笛声溯游而上，去寻找那牵动我心的声音。

心 生 喜 欢

宁莉丹

蓦然间想起四个字"心生喜欢",倒过来念——"欢喜生心",亦是别有一番滋味。

我迷恋桃花雨,在春天的旷野。

桃花是热闹的,一阵风吹过,落花似雨,连凋谢也是拼死的热闹。"桃花春色暖先开,明媚谁人不看来。可惜狂风吹落后,殷红片片点莓苔。"唐朝诗人周朴的这首《桃花》诗,算是把桃花雨描绘到极致。桃花是灵动的,它调皮地越过墙头,那样娇艳,惹人喜爱。就连一向持重的杜甫也发出慨叹:"江上人家桃树林,春寒细雨出疏篱。"

桃花饱含乡土气味。农家小院,田坂村头,随处可见,透露出淳朴的美丽,谁说借着它寻不到桃花源?

我喜欢融融的日光,在夏天的湖水中。

暖盈盈的七彩光总须在粼粼的波纹衬托下才显得灵动，若有一亭一友一杯淡茶，则此景更佳。在灿烂夏日，登上亭台，阳光像丝缎般一样包围全身，水色在日光中变得温暖浓稠。在轩中小酌，遥观天际云霞变幻，感受着日光流动的温存，尤为惬意。最好是下一场太阳雨，坐上画船，随波荡漾，"雨丝风片，烟波画船"，想来别有一番情趣。

我歌唱殷红的枫叶，在秋的岗峦上。

如同胭脂掺水，那一抹潋滟的红，在眼波中流传。是否决然一个转身，便将满胸深情，一腔热血，寄情于这千里的光焰；是否好梦由来容易醒，触目的落红，遍是阑珊的秋意；是否燃尽最后的生命，也要留下醉人的风景，供游人驻足徘徊……遥望红叶铺就的山路，仿佛一块快要燃尽的火。

竟是这样的决绝吗？连死都不愿褪去那一树绯红，默默地向人们昭示着生命的美好。

我吟诵雪白的飞花，在冬的大地上。

大雪纷飞，姿态肆扬，大片大片的雪花从高空投向未知的大地，缠绵又不失壮烈，完成一次美丽的邂逅。"忽如一夜春风来，千树万树梨花开"，这是何等的奇美；"千里黄云白日曛，北风吹雁雪纷纷"，这是何等的气概；"地白风色寒，雪花大如手"，这是何等的壮伟……

"冷处偏佳，别有根芽，不似人间富贵花。"雪花是高贵的冰冷的，它不能沾染尘世的一丝爱慕和一点儿纠缠，如果承受了，便会化为水偿还告别，无尽的落寞中透露出无限凄美，让人惊叹于它的圣洁。

　　岁月流转，花开花落；春去夏来，秋至冬归。只要拥有一颗细腻的心，就能在生活中收藏一个又一个的"喜欢"，人生便处处是风景；心生有如此多的"喜欢"，漫漫人生路上也便处处感到温暖，感到快乐，感到兴致盎然……

思

冯浩宸

　　最后一次看到满池的荷叶和零星的荷花莲蓬，已经记不清是何时了。那时候的闲暇时光数不胜数，却不曾有认真地看荷的念头，只是在塘边嬉戏打闹，偶尔发现荷塘之美，唏嘘赞叹一番，便又随之抛诸脑后。

　　学业时刻在挤压着我，剥夺着我的自由，这使我更加没有时间去欣赏荷塘的美景了。有时候我正在题海中遨游，但是却突然在这些毫无生命力的阿拉伯数字和古怪的符号中透出了一点儿绿，露出了一点儿红，像少女羞红的脸颊一般颜色的荷花竟然在题海中盛开，继而又隐约出现了脉脉的流水，不大可见的鱼虾，但每当想要接近的时候，那些东西却消失了，那些数字符号再次将我淹没，没有任何余地。

　　也不是没有想过再去看荷花，但是每当自己有去看的念头时，不是在半路被打消了，就是不小心将它落在脑后。终于坚定了要去看荷花，却已经到了初秋。我怀着紧张而又渴望的心去，但是映入眼帘的只是残存的几片荷叶，屈指可数，哪里还见得什么荷花。真希望那时连仅存的荷叶也不在，正好打碎了我的愿望，让我失望，因为那时候的几片荷叶在我眼中也是美的，那又使我更加盼望来年的荷花盛开之时。我更想失望，因为希望总是要比失望更加折磨人。

看到《荷塘月色》便又使我想起了学校的喷泉池，虽无清华园中的荷塘雅致，但荷的风姿韵味却是不减的。更加羡慕的是朱自清看荷的释然，什么都可以想，什么都可以不想的心态。

提到"采莲"二字，它在我的心中更是神秘，看到《采莲赋》《西洲曲》中的采莲知音，就越发想去尝试一下采莲的感觉，我想那应该是欢快至极吧。莲子是不常吃的，在暑假有一朋友送我一个莲蓬，莲子的味道已经记不大清了，是有清香和淡淡的甜味，但是剥莲子的欢快愉悦的心情却是怎么都不会忘记的，自己采莲然后吃掉的感觉应该更好吧！相信所有采莲人看中的不是莲子而是采莲途中的玩乐。

虽然我没有朱自清的心，没有他的释然，没有他那么雅致，但是我也同样拥有一颗爱荷的心。

何日才到荷花再次盛开时……

梦 回 故 园

顾佳伟

　　从出生起，我就一直住在这里，在这里挥霍着没完没了不断重复不曾变化的一日一日。我从来没有搬过家，可我一直认为自己在迁徙，是错觉吗？

　　小石块铺成的路，踩上去"沙沙"作响。每当有人骑车经过，背后会悄悄留下长长的"蛇影"。我一路走一路奋力地踢，溅起一片一片石花，像踩水洼一般，让人兴奋。

　　那棵老树啊，枝叶调皮地漫过了大半条道路，却堵不住行人的过往。人总是笑着对它，要么低身，要么奋力地钻，要么绕着过。它身上的一枝一叶，大概都有我和同伴的指纹和掌纹。爬上它，在它身上穿行可是有趣的事；在最高处高喊，炫耀自己的"功绩"也是那么令人难以忘怀。

路两旁的田间，有我魂牵梦绕的稻草垛、稻草人、田埂……爬上稻草垛，用"盖世神力"击打稻草人，枯黄的草根草屑漫天飞舞，我紧抓起稻草在田埂上飞驰，想把一切落在后头。累了，折一根围栏上的竹棒，从口袋里掏出一直偷藏了好久的妈妈要用的线。随便在田间抓来惊恐的青蛙，绑上，往沟边的泥洞里送，红红的钳子总会忍不住诱惑，向外捣弄。倦了，用棒子不停地搅拌沟里的水，清水一下子成了泥沼。

当泛黄的夕阳挂起，就是该归家的时候了。走过泥埂的鞋总是那么重，我笑那些想跟我一起回家的黑泥，同情却又无奈地在路边的大石块上甩下它们。我喜欢一路数红砖垒起的墙，像我床下成堆的积木，只是它们似乎不那么容易倾倒。

我挑最险的地儿走，好显示我的功夫，上跳带下蹿，手中的"打狗棒"挥舞着，在路上划下一道道长痕。高大的二层楼房像可以到天上去，我从不敢爬到顶上。边走边思忖：明天约谁，去哪儿玩？今晚又吃什么好吃的？肚子都闹上了。

我看到别家的烟囱滚滚地冒，轻得像翅膀，急急地离了去。

奇怪！路上没人，闻不到本该飘满空中的饭菜香，听不到柴在灶中发出的"霹雳"声，一切静得可怕！我急急地跑向家，用尽全力跑，好甩开那些错觉。骤然，我来到大铁门前，用力地击打狮嘴里的铁环，高呼："妈妈，妈妈！我怕！……"

不再有熟悉的回应了。

一下子我惊觉：我已不属于这里。

存　在

项黎栋

存在，有许多种形式和状态。

存在于一个团体中，我们需要一种姿态。你在团体中，不止有你一个人，这也就意味着你不能够随心所欲，不能时刻以自我为中心，因为处在团体中，有许许多多个"自我"，而一个团体需要一个团结的核心，而不是多核心的分散。这让我想到在美剧 *The Apprentice*（学徒）中的情节，来自全世界的经过层层选拔的商业精英，年轻，高学历，有经验，他们具备所有在别人看来十分羡慕的东西，他们来到纽约，进行最后的角逐。比赛的目的是选出一位最佳人选，获得年薪二十五万美元的诱人职位。他们被分成两组，以团体的形式进行比拼，其实也不尽然，因为在执行任务商讨方案，或者决定谁该被解雇时，个人意识仍十分强烈地存在。在团体中，想要表现自我，却又不得特立独行。团体就像一个球，那么个人主义就是从内部凸显出来的尖锐部分，团体中的意见分歧，会使球表面坑坑洼洼，举步维艰，同样完全听从指挥则会一处坚硬，大面积瘫软，依旧寸步难行。因此，存在于团体中，需要一种姿态，既积极又不失友好，这样的球才能一直向前。

存在于一个社会，我们该用一种什么样的姿态？社会，妇孺皆知其复杂性。一个社会中，存在那么多人，也就不免存在许许多多的个人主义。社会多是通过利益关系将人与人分成一个个团体，一个团体的和谐尚且不易，更何况大大小小，似球非球的许多几何体存在于一个空间之中。近来拜读林语堂先生的《苏东坡传》，一场政治风暴降临，引起燎原的大火，将宋室焚毁，而这场朋党之争笼罩了苏东坡的一生。他的才情随着年纪的增长越发地使小人嫉妒。他越是翩翩潇洒，儒雅完美，笔落诗文众人传颂，博得皇上嘉赏，那些小人就越是咬牙切齿，在帝王面前极进谗言，恨不得子瞻被他们的唾沫酸语浸没。可东坡怎有空理会这些，照旧娱游于旖旎风光间，作诗题字，携友畅谈。但是当东坡与挚友兴起作诗时，小人们也已备好纸墨为其作注，然后面及圣上进其谗言。且看东坡，照旧作诗遭贬，再作诗再遭贬，这也难为他，诗人怎会因为这样的细枝末节而放下笔呢？何况是有着斗量才情的苏东坡。人生之随性豁达应为子瞻的模样。但是存在于社会之中，我们可以这样吗？我想是可以的。社会有黑暗的一面，被小人占着，当然也有亮堂堂的一面，由正义之士守卫着，我们全然不用为这些担忧。存在得有原则，但是又随性，这其中的孰轻孰重还需我们自己去掂量。因此，存在于一个社会中，要有原则，且为之坚守到底，但需随性，活出自己的模样。

存在，再将范围扩大一点儿，如果前面所说的社会是指一个国家，那么存在于由许许多多国家组成的世界大家庭中，什么样的姿态才最好？在政治生活中，国家利益是国际关系的决定性因素。形象点儿说，就好像一个大的商场，各国代表占一个摊位，卖自己的东西，贴上广告，商品价格，买主卖主两个角色可以互换。东西喜欢，价格满意，那么成交，即建立友好外交关系；再或者多买些，给张会员卡，以后多来光顾，即每年例行的国事访问。但同时，存在共同利益，也肯定存在对立利益，那么就需要买卖双方协调解决了。《大战略——邓小平与祖国统一》一书中，较为详细地介绍了香港问题的前前后后，让我十分佩服邓小平。他是一位能将原则的坚定与政策的灵活结合运用得非常好的大师。"一国两制"也是他这一特质的体现。存在于更加复杂的环境中，我们需要维护自己的利益，但其他个体也在极力维护自己的利益，这时候就需要我们学习邓小平的这一精神，最大限度地维护利益，也在适当的时候放弃一些。

如果要概括存在的基本定律，那就是：坚定原则，灵活方法。不管存在于何时何地，应像一块橡皮泥一样，去改变自己，使自己适应那个角色，从而更好地存在。

心态与境遇

黄昕晨

相传共工怒触不周山后，天柱折，四维绝，地陷东南。多亏女娲炼五色石以补苍天，又有衔烛之龙盘坐支撑，地才不致塌陷。衔烛之龙主管光明与时间，一日，它见山脚下一小潭中有一虺在努力磨自己的鳞，不禁称异："此地环境恶劣，狂风暴雨随时突袭，何不恣情于小潭，安享生之快乐？"虺小声答道："此时的我弱小难以自保，但我不断修炼，努力生存，我终究能成为一条通天彻地的应龙！"衔烛之龙不以为意，回过头去闭眼冥冥思索。千年之后，它睁眼一看，竟发现冰雪之下，一只蛟在磨炼之中，而此蛟即为当年之虺，千百年间它坚信自己能熬过风霜雨雪，夜以继日修炼，终于成功修炼为蛟，衔烛之龙大为感叹，分些灵力与它，助它为龙，并赐其名，曰："钟鼓"。

读到这个故事，我忽然觉得自己就是高考不周山下小水潭里的一只魭。

当下，高中生活已步入最后一年，高三的挑战如同魭在修炼之中，面对着不时袭来的狂风暴雨，心态将决定着以后的前途和命运。

反复来袭的考试给了我极大的压力与负担，辗转难眠时冥冥之中总有衔烛之龙在我耳边聒噪："何不恣情于小潭，安享生之快乐。"花花绿绿的世界，闪闪烁烁的诱惑，真的让人眼馋。好想像别人一样以娱乐来不断填充自己虚无缥缈的内心世界，手机传情达意，网络挥霍时光，自由自在，快快乐乐，得过且过，"无烦无恼无忧愁"。

放弃，魭就永远只能是魭！哪怕进化了万年亿年，可能还是在地上爬行的蝮蛇而已。

生存竞争，让我不甘心，我要做的是通天彻地的应龙。

自愿进行魭的修炼，烈焰之下的拼命挣扎，冰雪之下的顽强挺立，在看似遥遥无期的修炼过程中日复一日地磨鳞强身，坚持不懈地让自己的心志更加坚定。面对着衔烛之龙的质疑与建议，我只会用无言的行动来表明自己的信心，坚定无惧地对待每一次考验。

时光永远流逝，百年之后，有许多魭早已命丧潭中，而零星能看到有一些魭已初具蛟的外形。千年过后，蛟仍在继续修炼。万年后的某一天，衔烛之龙猛然发现，一条巨龙已划破天际，翱翔于苍穹之上。

　　如今，我还只是虺，我谢绝了衔烛之龙的建议，每日坚定无惧地修炼着，用实际行动一步一步实现着成为应龙的梦想。在这种心态之下，我的境遇终将与他人有所不同：高考过后，我定能化虺为蛟，苦难将让我更加坚强，大学将为我插上翅膀。我有如此心态，狂风暴雨何惧？刀山火海何惧？

　　自信人生二百年，会当水击三千里。是鹏的境界，也是龙的境界。

香 樟 树

张美莹

香樟的绿，是流动的。

一夜夏雨，天空阴得几欲滴水，心情也被沾染上阴郁的色调，像抹不开的厚重颜料。我徘徊在香樟树下，残留的雨滴悄悄滑落，我不自觉地抬起头，寻找雨点的来处。那是一片青青的叶子，晨曦中还在闪着绿光。流动的光总是很犀利，它深深地扎进我心里，摇荡出满满当当的空虚感。

新的校园总是看不见旧的人的。虽然，这里有一样繁盛的香樟，但是，它依旧能承载我的心灵吗？我看着香樟那突兀的树干，忍不住伸手去触摸，小心翼翼地，那丝粗糙的感觉瞬间融化了，激起了记忆的涟漪。

那时，一切都很安静。阳光落地是无声的，没有鸟叫，没有虫鸣；只有香樟的绿在流动，我们在嬉戏。两个小女孩儿小指勾着小指，围着笑意洋洋的香樟打转，踩着细碎的阳光，仿佛时光就会在此刻定格，并定义为温暖。她忽然停下来，脸上的笑容像栀子花盛开那般美好，说道："我们要永远记住香樟，它流动的绿，坚韧的根，粗壮的枝干，都不要忘记。"我孩子气地点了点头，却不知为什么不能遗忘。

　　此刻，我静静地倚在香樟树上，它那凹凸不平的树皮使得我的背有些微微的痛，却全然没有在意，只知道我明白了不能遗忘的原因。绿是流动的，就像时光在流逝；根是坚韧的，代表了我们都是坚强的孩子；枝干是粗壮的，好似我俩真挚的友谊。时光的洪流中，我们怎能忘却呢？

　　太阳渐渐地露出了全身，阳光俏皮地钻进了叶的罅隙中，投射出香樟清亮的轮廓。我摘下一片树叶，清晰的脉络有着琥珀般的纯净，它为我擦拭着心中的阴郁。香樟在哪里都能生活得精彩，长得繁密，我又何尝不可以呢？

　　我托着那片树叶，空中飘荡着微风，叶子被微风拂起，越飞越高……我想去追寻，可仰面看到阳光下格外蓬勃的香樟，我放弃了。逝去的已经找不回来了，现在的依旧美好，抑或会更加灿烂。

　　香樟还是静静地伫立，它却在不经意间拨开了我的心弦，让流动的绿淌进了我的心房。

我发现蝴蝶不再单飞

杜　洋

　　独坐在宿舍自己的床铺上，情不自禁地回想起了刚刚来到这个宿舍的那一天。记得那天雨很大，铺天盖地的似乎不知道停歇。人很多，脚步匆匆，在喧闹的校园里，面对一张张陌生的面孔，恐惧与不安像小虫子一样慢慢地爬满了我的心。正郁郁寡欢之际，眼前突然出现了深深感动我的那一幕……

　　就在那冷清的角落上空，我看见一只折断了翅膀的蝴蝶缩着身体，好像濒临死亡，心里就像被什么东西刺了一下。疼痛顿时包围了我：一条生命即将逝去。但就在蝴蝶缓缓下落的过程中，我看到了它的顽强：它努力地拍打着那只完好的翅膀，努力地向前飞……那姿态，恰似在运动场上奋勇拼搏的运动员，那么矫健美丽，仿佛是在用生命起舞。突然，我发现有另外几只花蝴蝶焦急地赶来，它们围绕着那只受伤的蝴蝶，陪着那只受伤的蝴蝶翩翩起舞。尽管蝶队的前进速度很慢，但它们终究是在向着光明，向着胜利的彼岸进发！

或许这样的镜头早已司空见惯。但在那一刻，我却被感动了。那一刻，似乎有一股暖流涌遍全身。也许那只受伤的蝴蝶也曾失败过很多次，尝试过很多次新的启航，但在同伴的陪伴下，终究没有放弃，终究在无意之间，为我展示了那触动灵魂的飞翔！

也是在那一刻，一种惭愧不由自主地在我的心头蔓延开来：为什么我会这么孤单？为什么我不可以和那些蝴蝶一样在同伴需要帮助时主动伸出援手呢？为什么要让自己或别人成为一只单飞的蝴蝶呢？

往后的日子，我不再自我封闭。我热情地拥抱每一个室友，我微笑着面对每一个新的伙伴。在宿舍这个狭小的空间里，我感受到了无比宽广的情怀，收获到了同伴无私的关爱和深沉的祝福。

感谢那场雨，感谢那几只蝴蝶，让我的心房迎来了阳光。

感谢那场雨，感谢那几只不再单飞的蝴蝶，让我明白：尽管生活不可能一帆风顺，阳光并非永远相随，但只要有开放的心态，就能赢得更多的喝彩。

雀　跃

陈慧琳

不约而至的秋风在城中散开，一点点侵蚀掉盛夏的暑气。习惯性地仰起头，青色的秋空映在我的眼底，夏日刺眼的阳光已不复存在，心头忽然流过轻轻浅浅的忧伤。将目光转向梧桐，黄叶摇曳着一树的凄清。只是在树枝间，已没有了那熟悉的身影。

麻雀呢？

那跳跃在树间的生命呢？

微微的惊诧，可看向其他地方时依旧找不到熟悉的身影，我的眼中不觉透露出一丝失望与慌乱。

那灰色的身影，是什么时候开始，揉入自己的骨血的？

我轻轻闭上眼，任秋风吹刮着我的青空。

犹记得小的时候，总是有几只燕子年复一年地来我家做窝，他们在我奶奶为它们做的吊篮里啄叶衔泥，自己搭成一个家。然后，安居乐业地待着，每天飞进飞出。而奶奶，也会笑呵呵地更换已脏的报纸，重新拿一张铺在地上。燕子剪刀似的身影，清脆的叫声，也就成了我们家一道亮丽的风景线。

可美好的时光总是不长久的，从奶奶的厌烦到爷爷的驱赶，燕子就这样出了家门，再也没能回来。我能做的，只是搬一张小板凳，呆呆地等燕子回来，自己擦去眼角的泪水。

那之后很长一段时间，我的神经一直麻木着。

从十岁那年为治妈妈的骨折来到金华，我便与这灰小的麻雀朝夕相处，到现在，已有七载春秋。

或许是习惯成自然，或许是日久生情，我不知从何时起，把这灰小的麻雀的一声一鸣，一跳一跃，深深地记在脑海里。

它们总是成群结队地在枝间交错，叽叽喳喳地议论着什么，或许是为了争论谁更美，又或许是互相探讨哪里的食物最多。兴致好了，便全树的麻雀一起为人们奉献上几支歌，虽然音调凌乱但别具一格。

它不会像苍鹰一样徘徊于青空之际，也不会像大雁一样长途迁徙，它只是一只平凡的鸟，穿梭在细小的枝叶之间，从一个树枝到另一个树枝，从一个阳台到另一个阳台，忙碌而不羞愧，平庸而不自卑。

它的叫声总是不好听，倒像是市井之间长舌妇的议论。但那却是它独有的音符，是它自己的歌声。

它们总是离人类最近，却也被人类伤害得最深。

每年都会有大片的麻雀出现在人们的视野中，不论人们重不重视，它们依旧活在自己的歌声、自己的世界中。

据说麻雀只有一两年的生命，也就是说，当你熟悉地看着它们的身影，年复一年地出现在自己的视野中，却未曾发觉，每年的麻雀都已不是记忆中的了。

不知道这算不算是另一种物是人非。

直到英国把麻雀列入濒危名单起，人们似乎才意识到它的重要性。我国也已把麻雀列入保护动物。不知道这一道免死金牌，对麻雀来说，是否已经太迟？

我不知道。

我只知道它们依旧执着于自己的歌声，忙碌于自己的生活，平庸而不自卑地存在着，生活着，歌唱着。

耳边似乎又奏起了麻雀的歌声，我睁开眼，忽然笑了，目光中也有了一丝欣喜。

跟着河流去旅行

跟着河流去旅行

李宇轩

清晨，空气中传来模糊的花香，远处的鸟在呼唤着什么，伴着潺潺的流水，我踏上了一段未知的旅程。

起初是为了远离喧嚣的街市，让心灵在树林间得到滋润，却在不经意间发现了这条河流。河水静静地流淌着，我也不禁放慢了脚步。两岸长满了密实的青草，开着淡蓝色的小花，互相依偎着，仿佛在倾诉些什么。远处有些高大的树，枝条垂在水面上，在风中起舞，姗姗可爱。河水在林间缓缓地流着，我暗自庆幸，却不知喜从何来。望着寂静的河流，望着两岸的树影，我不禁想起若不是因为前进的脚步慢了，这些美景都会与我擦肩而过。

继续前行，河水变得湍急起来，河流一次次撞上岩石，即使粉身碎骨，也要向前进。我向前奔跑着，耳边回荡着石头与水猛烈相击的声响。河流永不停歇地与岩石碰撞，把尖锐的石头打磨得光滑如珠，在山谷间刻下一条条河道，正是由于它的速度之快，才能冲破一道道屏障，才能到达大海的怀抱。我的内心燃烧起来了，变得如河流一样澎湃，在任何困难险阻面前，我都不会退缩，而是坚持不懈，迅速出击。

努力跟随着河面上的一片叶子，一路奔跑着向前追赶，却还是追不上河流的速度。在急促的呼吸声和呼啸而过的风声中，那一片叶子静默地驶向水天相接的地方，我的思绪也变得悠长。仿佛看见圣贤孔子在岸边低吟："逝者如斯夫，不舍昼夜。"时光是一条永不停歇的河流，即使我们努力追赶，也挽不回它的逝去。那么，我们有什么理由虚度光阴，任凭它飞快地逝去呢？

阳光跳过云朵，懒洋洋地洒在河面上。河面变得宽阔，微风吹拂着河堤上的青草，一群羊悠闲地咀嚼着，幻想着白云的柔软。我享受着阳光的沐浴，聆听着风里传来的讯息，心中所有的不快都抛至脑后，只有眼前生命的律动和幸福。望着缓缓流淌的河水，我的脑海中浮现出一个画面：这条满载希望与幸福的河流，在日日夜夜的流动之后，被大海拥入怀中，最终归于平静。在浩瀚的海面上，它的心灵才真正得到解放。

我们每个人又何尝不是一条河流呢？面对眼前的挫折与困难，只有正面出击，才能战胜挑战。而在心灵需要滋润的时候，何不放慢脚步，让灵魂跟上来，聆听自然的声音呢？

秋 与 冬

宋芷若

我站在料峭的冬风里与你说秋天。

今日，天下雪了。上天赐予大地一件银白色的狐裘大氅，连带着照顾了这大地上的万物生灵，只是狐裘不暖锦衾薄，四溢在空气中的寒凉丝毫不减，由着窗框的缝隙一丝一缕地拂上面颊，透入心底。我透过窗户玻璃上的水汽，在朦胧迷幻里，隐约见得屋外的草地上黄一块、白一块的斑驳。昔时满枝金黄灿烂的三角枫已在风雪里枯瘦，唯独剩下金黄色的残躯在雪地里残喘，凭吊着昔日的辉煌夺目，昔时的洒脱也在寒冷里畏缩。

不知是否是那窗上水汽朦胧迷幻的作用，竟恍惚间将我带入了那个多彩金黄的秋。那时，草地上还是青黄不齐，树枝上还是满眼金黄，洒脱还在，流溢在清凉的秋风里。那时，我还会在大桥上瞭望下面的稻田，波涛般的金浪里是稻香万里；我还会在大桥边驻足，借着杨树群里最近的那枝，静待一片叶子由青变黄的过程；我还会在路边采拾那几片早早逃离枝条束缚的黄叶，做了时间的笺。

多少人心里的秋天，萧瑟清冷，有着肃杀的味道，而冬天，虽寒风刺骨，却因为有了雪这个物什，平添了浪漫和暖意的味道。其实，却不尽然。秋天，即使是萧瑟清冷，夺去了夏日的热闹，却不曾扼尽一切生命；而冬天，借由白雪，掩盖了一切的生命，也掩住了人们自认为看懂凄凉的眼睛。

在我眼中，秋天与冬天是两个截然不同的世界，却又有着千丝万缕的联系。秋天，对我而言，是一个值得留恋的季节。有风，凉热恰好；有雨，丝丝入扣；有叶，眷恋缠绵；更有最好的情感和文化积淀，能够孕育出最美的情怀。这是一个实在值得留恋的世界啊！而冬天，值得畏惧，用寒冷作为束缚的枷锁，轻松地困住这方世界的人，寒冷束缚人的身体，进而束缚人的精神。当真是一个令人容易蜷曲的世界。若真有人让我选一选，是秋天好还是冬天好？我当然会选秋天，那样一个诗意缠绵的世界，有谁放得下？

不过眷恋是一事，畏惧是一事，而面对则是另一事。冬天，再让人不耐，它也会沿着时间的轨迹而来，蚕食一切。秋意美好，冬意凄冷。那又如何？我会站在寒风里等待下一次秋的来临，等待着，清醒着……

　　无意地抬手，触碰到冰冷的窗框，刺激着我回了神。我怔怔地望着草地，无声地笑了：秋意美好，冬意凄冷，我当前行……

因 为 慢

朱可伦

　　游览一座陌生的城市，要放慢脚步。因为慢，才可以看清它、体会它。

　　几年前伊斯坦布尔的一个黄昏，我们的旅行团来到了著名的大巴扎集市。一下车，团友们拔腿就冲进了摩肩接踵的购物人潮，而我和妈妈决定慢慢地欣赏这座美丽的城市。

　　大巴扎集市旁有一家咖啡店，我和妈妈坐在一个温暖的角落，凝望着窗外。土耳其作家帕慕克笔下的伊斯坦布尔是帝国余晖下华美而哀伤的城市，在土耳其语中称作"呼愁"的哀伤。我的目光投向远方，从巴尔干半岛和北欧、西欧飞往南方的鹳鸟，正飞过博斯普鲁斯海峡和马尔马拉海上诸岛，俯瞰着整个城市，俯瞰被用作共乘出租车的"巴姆"，这些20世纪50年代的雪佛兰正喘着气爬过窄巷；俯瞰清真寺边叫卖传统馕饼的土耳其老人，因为无法用欧元找零已经错过了许多生意；俯瞰因为贫穷只能居住在亚洲区却要去欧洲区上班的年轻人归家的身影。它们看到的，也正是我所看到的风光不再并充满"呼愁"的伟大城市。

可透过人流，我的目光依然捕捉到热爱生活的身影。拥挤在破旧窄巷中豪饮依尼洛基酒的男人，这土耳其独有的茴香酒的浓烈气味倔强地激励着在这座古老城市中挣扎了一整天的心；簇拥着三轮车等待着烤肉喷香出炉的少年少女，正手舞足蹈地向游人推荐世界上最美味的烤肉；还有那热情好客、崇拜成龙的大巴扎店主，正推销着可以驱散一切邪恶的"蓝眼睛"，他那样卖力，不忘对每个游人用蹩脚的英语说上一句"欢迎来到伊斯坦布尔"。在被称作"呼愁"的哀伤中，人们对这座城市和生活的热爱格外打动人心。

咖啡馆内目光缓缓流转的我，耳畔传来阿訇神圣的唱经声，传音塔庄严耸立，直入云霄。土耳其帝国昔日荣光闪烁，但比那更闪烁的，是伊斯坦布尔人的生活，有"呼愁"，却永远憧憬、永远相信：会幸福的，我会很幸福的。

不经意间又看到在人群中横冲直撞、满手购物袋的团友，他们是否也会如此细致地体会这座城市，是否也可以对城市里人们的生活感同身受？

缓缓品味最后一口香滑的慕斯蛋糕，走出咖啡馆，走入伊斯坦布尔的暮色。因为慢下脚步，慢下心来，这座城市让我感动。

风

陈 磊

风总不过那么几种，可就数江南的风最温和惬意，最能牵动人的思念。

一夜春风，吹开了百花，吹醒了大地。即使是远方的游子，想起"春风又绿江南岸"的盛景，又怎能不产生"明月何时照我还"的忧思呢？

边塞的军人血气方刚，铁骨铮铮。边塞的风也格外凛冽，透着刺骨的寒气。它将边塞的军人雕刻得有棱有角。它与烈酒为伴，让将士们的血液沸腾。即使在营帐中也是"夜阑卧听风吹雨"，不知不觉间"铁马冰河入梦来"。此中玄妙，唯有历经沙场或久戍边塞的将士才能明白。

风是情感的媒介，它承载着那些敏感多变的情绪，它孕育了一代代人们的筋骨和许许多多瑰丽的文字。

风更是一种语言，大地用它与天空交流，天空用它与河流沟通。人类早在蛮荒之时，就怀着对大自然的敬畏之心。风作为一种神秘的物质，受到远古人类的崇拜。

大自然中风能充当植物传粉的媒介，它帮助许许多多的植物繁衍，从某种意义来说，它参与创造了多姿多彩的植物界。它还是个音乐家，无论它是追逐着落叶，还是拨弄它的管弦乐器，它演奏出的音乐都能让我们迷醉。其实，它的神奇之处皆出于其无色无形，却又能被人看到、听到、触到。

风这个家伙儿永远在路上奔袭，永远不知疲倦。它喜欢穿行于城市的大街小巷，喜欢漫步于乡村小路或土埂上，它喜欢向行人吐露它的欣喜和它的忧郁，然后叫他们用文章和诗歌记录下它的境界。

风是时间的使者，它联系着历史中不甚清晰的破碎的片段，它在历史和岁月的长河上泛起涟漪，就成了不堪回首的记忆，它的使命就是叙述一首全人类、全世界的史诗。

每当我想到风，脑海中总会浮现一幅寂静的画面：我端坐在院子里，看着漫天飞舞的树叶铺天盖地地往下落，听着北风追逐落叶的呼啸，感慨着正离我而去的时光，假装沧桑，假装悲伤。

底　气

仇　越

"春兰，来领你的五百元助学金。"听着老师沉闷的语气，望着他严肃的面庞，我低着头一声不吭地走向讲台领走贫困助学金。老师从没对我笑过，他时常对班长绽放出的阳光般的笑容从未撒落到我的身上。他一定和其他人一样，歧视我来自农村，歧视我土气的穿着。班花在背后总是嘲笑我穿得像20世纪70年代的农村大妈，我听到后只能将头深深埋进课本，我没有底气与她争论，因为娘做的衣裳确实土得掉渣。

终于盼来了寒假，让我可以离开那些讨厌的人。我揣好助学金，穿着臃肿的棉衣走向车站。街道两旁的橱窗里时尚华美的服装对我来说可望而不可即。不！我有钱，我可以买一套，穿上漂亮的衣服，他们就再也不能嘲笑我歧视我了。从专卖店出来，我高昂起头向车站进发，虽然花光了助学金，但我买来了底气，值！

我骗娘，学校今年给贫困生送衣裳没发钱，娘信了。站在穿衣镜前，我欣赏着镜中穿着荷叶形翻领、胸前水晶单扣的漂亮大衣的女孩儿，真希望寒假快点儿过去。

我故意在开学第一天迟到，然后穿着时髦的红呢子大衣，挺直脊背，慢慢从讲台前走过。我感受到大家投来的惊愕目光，我得意地微笑。同桌轻拍着我说："天哪！春兰，过个年你便判若两人，一点儿不比班花逊色！"我向班花看去，她惊讶的目光转为欣赏："你的呢大衣真漂亮。"我底气十足地回复："当然。"

漂亮的呢大衣增添了我的底气，它让我的生活发生了翻天覆地的变化。上课，我不再低着头听讲，而是昂起头注视着老师。当我第一次举手时，老师竟然微笑着点我的名字，我清晰响亮的回答引起全班的关注。老师露出欣慰的笑对我说："春兰，回答得很好，请坐。"老师肯定也因为这件红大衣不再歧视我了！我伸手轻轻抚摸大衣，谢谢它给我的底气。

月考之后。"春兰，你怎么进步这么快，一下子就考了第一？"班花问我。我谦虚地回答："运气好而已。"可我明白，这个月每堂课我都认真听讲，积极回答问题，呢大衣驱除了我的自卑，底气十足的我成绩提高是意料中的事。

天气渐渐转暖，同学们慢慢换上了春装，只有我还套着大衣。我不敢脱下它，没有它，班花又会嘲笑我像农村大妈，老师也不会再对我笑。可天气实在太热，我不得已换上娘做的花衬衫。犹豫了许久，我才慢慢踱到班级门口，进不进去？这时班花走来："春兰，快进去啊！我有道题请教你，你最聪明了，一定要教我。"完全没有想象中的嘲笑。我以一种感激的心态给班花讲解，班花听懂后惊叹道："你太有才了！"我红着脸说："过奖。"老师依然请我回答问题，我仍是清晰洪亮地回答。看到老师欣慰的笑，我突然明白，我真正的底气不是呢大衣给我的，我的自信、我增长的学识才是我永恒的底气。

　　我将呢大衣洗净放入衣橱中，我轻轻地抚摸着它的下摆："谢谢你带给我的改变，但我不再需要你来增加我的底气。"说完，我坚定地关上了衣橱的门。

你真好，你就像我少年伊辰

王　宁

"你真好——你就像我少年伊辰一样——"

这是张晓风在山径上遇见卖柑橘的老夫人听到的话。

我有一个不能称之为嗜好的嗜好，我喜欢观察老人和小孩儿。每年放假时都会去旅游，天南地北的老人却总会引起我的注意。第一个接触到的老人是我的奶奶。那时的她还更年轻点儿，鼻子高挺，眼眸圆润温柔，照片中的她抱着刚刚满月的我站在老槐树下，那时的脸上洋溢着喜悦似乎使她年轻了几岁。我后来才知道奶奶是城里人，嫁到乡下去后要干的是农活。待我长大了几岁后，我发现奶奶的脸上早已镌刻了岁月的痕迹，眼神充满了对世界的包容，对土地的归属和对生活的坦然。

后来我去杭州，看到在公车上的老人，他们去灵隐寺爬山。他们看起来很健朗，风度翩翩，一看就是有文化的人。他们雪白的头发也向我们昭示着他们丰富的人生阅历。我发现其中一位老奶奶正用慈爱的眼神看着全车厢的少年，就像奶奶说我像她小时候那样乖巧时的眼神一样。

今年我去了青岛，买了一顶帽子。同车的老奶奶看着我说："小姑娘戴什么帽子都好看，真好看！"然后对她身边的老伴说："我年轻的时候戴这种帽子也一定很好看。"我看着她，她的眼神闪烁着年轻的光芒。

我最喜欢和我的曾祖母待在一起，或许是她皈依佛门的原因，她讲话迟缓而柔和，从来都是带着微笑看我，她的眼睛一直都是弯的，她跟我讲许多生活的道理，她每次看见我都说："人又大了！"用弯弯的眼睛看着，好像在看她的童年一样。

渐渐地，我突然发现世上所有的老人都是一样的，他们的脸上写满了生活的诗意，他们的眼神折射着生活的本质，他们的眼神变得温润。每次看到老人，我似乎看到了他们长长的一生，有过在颠沛中的绝望，有过在丰收中的喜悦，他们沉甸甸的一生冗长而又沉实。

"你真好——你就像我少年伊辰一样——"

这是我后来对世间所有未谙世事的小孩儿在心里所说的一句话。

我不小，我已经高一了。

我不大，我还未满十八周岁。

可我觉得童年已经失去，继而成为天上最亮的那颗星。

　　在青岛问路的时候遇到一个八九岁的小男孩儿正在滑直排轮，他热情地为我们指路，还尽职地把我们领过去。我还在纳闷父母们不是不让孩子和陌生人讲话的么，后来在等红绿灯处，他的奶奶追上来呵斥他："不要跟陌生人讲话，小心被骗走。"我听到他说："他们是问路的，不会的。"我不禁莞尔一笑，世间的孩子都是那么的纯洁，把世界看得如此简单，想起小时候也因为和陌生人讲话被训斥。只是孩子的眼里，世界是简单的；而在世界的眼里，孩子是简单的。

　　几天前，我和妈妈回家，碰上一位年轻的母亲带着一个刚学会走路的孩子。那孩子走路蹒跚，而且拎着一袋对他来说沉重的东西。他的小脑袋东摇西晃的。他的妈妈已经走得好远，他却为路边的小花小草蹲在一边，还嘀咕着些什么。终于他的妈妈发火了，小孩这才一步三回头地向前奔去，一不小心摔倒在地。他的妈妈对他说："不许哭，摔倒了就要爬起来。"我在旁边怔怔地看着，好像回到了十几年前，妈妈在旁边说："真像你小时候。"

　　渐渐地，我也发现世间的孩子也都是一样的。他们才刚刚起步，他们所看到的世界是玩具、动画片，他们的眼神单纯而清澈。他们没有想过未来的人生将波澜起伏，终将归于平静。

　　而我说："你们真好，你们就像我少年伊辰一样光洁鲜亮、稚嫩活泼。"

当白发苍苍的时候回首，一切都成了过往云烟，还有什么好纠结的呢？生命本来就是起步于喧哗，经历了动荡，回归于岑寂。生命不就是一场剧，只可惜观众却只有自己，坐在空旷的剧院里观赏这部独角戏，幕布落下后也只能报之一笑，为这茫茫宇宙中短暂不过的时间致以尊敬。

文 竹 之 死

孟逸然

不知从何时起，讲桌上多了一盆文竹。细小的叶片，青葱嫩绿。学习疲倦时看看，的确是一件享受的事。

渐渐地，大家都注意到文竹有些叶子干枯了。

一天早上，A同学走近仔细观察，自言自语道："是老叶先干枯的，新叶仍正常生长。那么，它应该是缺乏某种可转移矿质元素，N、P、K、Mg，会是哪一种呢？"沉思了片刻，"嗯，取少量土壤，溶于水，再种植几株植物幼苗，与其他配好的溶液做对比……"

B同学经过，插了一句："制成溶液后，通过焰色反应可直接检验是否含有钾离子。"

午休时，C同学看到半枯的文竹说："咦？这文竹怎么枯了呢？嗯，会不会是和放射性元素有关呢？元素半衰期……"

D同学看到枯干的文竹，感叹道："秋风卷起黄叶飞，窗外垂柳舞，梧桐叶落了。唉！连文竹都死了。"同桌E调皮地接了一句："秋风起了，叶子落了，嗨！连蜘蛛都上吊了！文竹也难逃一劫呐！"

　　卫生委员F也注意到了，他说："可能是在讲台上，太多的粉笔末让文竹遭到了污染。"于是他把文竹搬到了教室门口。

　　放学后，大家都聚在门口，讨论着文竹。A说："再等几天，我就要检验出缺少哪种矿质元素了。"C说："植株内有多种元素，估计是哪种元素发生衰变，从而影响了植物生长。"D说："嗨！连这都想不明白呀！秋天到了，植物当然会枯死了。"F补充道："不尽然，也有可能是粉笔末的原因……"

　　园丁经过，看到那么多人围在一起，想看看到底发生了什么事。当他看到那棵枯死的文竹时，惊讶地说："呀！你们怎么不给文竹浇水呢？"

余　温

陆浩晶

很意外，身旁的座位竟然空着。

其实一旦长途汽车坐多了，也就不太会介意身旁坐的是什么样的人。也许会遇到行为粗鲁、浑身汗味的使人心烦意乱的男人，也许会遇到漂亮的、看着极为舒心的女子。但无论如何，终究是一位过客罢了。只是不知为何，今天我却略有些烦躁，竟隐隐迫切地想要知道身旁所坐的会是怎样的一个人。我环顾四周，发现周围陆陆续续已坐满，车厢里显得有些拥塞闷热。于是，我长长地呼了一口气，抬起手腕看了看表，八点五十五分，而九点发车，我想那人应该快来了。

"吱——"随着车门关上的声音，车开动了，可我身旁的座位依旧空着。我略有失望，却听到一阵急促的喘息声由远及近。我抬起头，看到一张有些臃肿的妇女的脸。

她怀里抱着一个箱子，手臂上勾着几只似乎很沉的袋子。她的脸上略带些潮红，也许是因为奔跑的缘故。看到我抬头看她，她略有些尴尬地咧嘴笑了笑，算是打招呼。我也点了点头，往里面挪了挪，心里有些失望，便低头看起书来。

也许过了很久吧，我不知道。只觉得眼睛有些酸涩，便合上书，向窗外看去。窗外逐渐变得开阔起来，金色的田野向天际铺展开去，偶尔看到几座低落的平房，错落在田野旁。然后在蓝天的映衬下，竟隐隐会感到心旷神怡。我不由得笑了笑，想伸个懒腰，却突然觉得有什么东西摔在我肩上。我扭过头，看到身旁那个女子闭着眼，呼吸均匀，看来是睡着了。

我觉得有些尴尬，毕竟一个陌生女子靠在我肩上，并且这样的情形有些暧昧。于是我伸出手，想要把她推开，可又害怕会把她弄醒，一时竟有些犹豫起来。我垂下手，故意耸了耸肩，可她似乎睡得很沉，依旧靠着，只是手指微微地弯了一下，便再无其他动作。我有些无奈，心想权当做回好事，积点儿德吧，便重新拿起书看起来。

可是，我却再也无法全心全意地投入进书中，余光一直潜意识地瞄着她。偶尔坐累了，想动一动身子，换个姿势，却也怕她被我吵醒，便不敢再动弹。我有些勉强地转动脖子，望了望周围，发现很多人都已沉沉地睡去，于是突然感到有些自豪。别人都在睡觉，我却为了不弄醒他人的美梦而坐得腰酸背痛。想到这，我的内心竟无端地愉悦起来。

终于，车到站了，我正在犹豫是否要将其推醒，她却也睁开了惺忪的眼，坐了起来，拧开矿泉水，咕咚咕咚地喝起来。也许她没有注意到一直是睡在我肩上的，因为她很快拿起包，随着人流向车门口挤去。我坐在位子上，觉得全身酸麻，于是自嘲地笑了笑，也拿起包下了车。

车站总是有那么多人。我艰难地在人流中穿行。突然，我觉得有点儿饿，因为我闻到了茶叶蛋的香气。停下脚步，我向卖茶叶蛋的地方走去，边走边摸起钱包，想买几个茶叶蛋充饥。

可是，我突然觉得口袋空荡荡的。明明上车时还在，怎么会……

脑海里突然冒起那个女子的身影，想起她靠在我肩上安然沉睡的模样，想起自己曾那么清晰地感觉到她的温度，想起自己的钱包曾那么近的靠近过她，我恍然。

我环顾四周，希望能看到她。人群依旧无序地交错涌动，可她却早已消失。

我下意识地伸出手，摸了摸自己的肩。也许是错觉吧，我竟还能感觉到有一丝余温。我苦笑，摇了摇头，裹紧大衣，大步向出口走去。

天，突然开始变冷了。

花 开 花 落

孔佳琪

那年，你离开。花，散落一地；心，碎了一地。

天上飘起了雪花，那是上帝懒得洗头，落下满地的银屑、忧伤。你说你爱雪，爱它的纯洁无瑕，爱它的恬静天真。可是，就在那个我们最爱的季节里，你从我的世界消失，一声不响。

寂寞的时候，我在想，你的生活是否也如我一样的平静而忧伤？抑或是重新开始了你的下一站？你说我们要一生一世在一起的；你说你是蔷薇叶，我是蔷薇花，我们合在一起就是世界上最美的蔷薇；你说我们要一起看每一年的花开花落，观每一次的潮起潮退，你说……太多的你说，可是曾经立誓永不分离的人，如今你又身在何处？为何独留我一人在这曾经幸福的地方？

白色的屋顶，白色的房，白色的年华悄然流过，不留声响。在那个银装素裹的世界里，你闯入我的生活，钻进我的心房。从此，我便偏离了自己原来的生活轨道。我们一起埋下"不离不弃"的愿望瓶，一起诉说着相遇的缘分，一起做很多很多我们喜欢的事。那时，我们多么幸福！以为只要在一起，就是最快乐的事，甚至已成为彼此的唯一。春暖花开的时节，我们一起疯一起闹，一起旷课去海边听海风、看海浪、观海潮。我们肆无忌惮地放纵自己的贪玩。就这样，直线下降的成绩单让我们感到既羞愧又无奈。我们都被自己的父母批斗着，但我们还是坚持着"永远在一起"的誓言，演绎着压迫的幸福。我们不再像从前那样快乐，但依旧幸福。

约定的地点你没有再来。那天的雨凋落了花，也将我的心淋得冰凉。坚信着"一生一世的好朋友"，重温着"长大的幸福"，可你再没出现。就那样消失，无影无踪。

终于，我想明白了！是的，怎么可以继续放纵自己？青春浪费不起呀！你不属于我，而我也将悄然离开。我不怪你的不辞而别，我懂，我们的未来应该是多姿多彩的，懵懂的两颗心让我们的友谊蒙上了一层阴影，我们不能再这样颓废荒唐！

朋友，谢谢你的离开！是你的离开唤醒了我，也唤醒了我们未来美好的梦。你的离开催我成熟，让我懂得了，过早绽放的花儿一定不会结出甜蜜的果。如今，我们曾经埋下的愿望瓶已经渐渐模糊，不是不会想起，而是逼迫自己不要想起。注定分离的相遇倒不如早点儿选择擦肩而过，不然到时候，凋了花，碎了心，留下永远的痛！

再次谢谢你的离开，唤醒了我幼稚离乱的心，平静地回归正道。成长中，我可以，平静地想你！

免　费

杜　玮

洗完手后，我习惯性地抽出口袋里的一包纸巾擦手。看着满手脱落的纸屑，我猛然想起这包纸巾是商家免费赠送的。

小姨从国外回来送我一只手表，制作精美，我用了好久，质量没得说。这也是小姨参加环保公益活动时免费获赠的。

每当那些劣质的免费赠品在我们的使用中出现问题的时候，我们只有无奈加无语，因为在常人看来，既然是免费获得的往往就意味着我们没有因为其质量不过关而提出控诉的权利。可是，控告免费赠品的质量问题在国外却是时常发生的事，这是因为这种免费赠品对于使用者来说其实也是要付出一定代价的。

在今天的商界，真正意义上的免费其实是不存在的，这种免费多出于谋利的目的。在国外，免费赠品往往比销售的商品有着更高的质量。这样做的目的一方面是为了让用户无法对生产商提出质量上的质疑；再一点，正如报纸上一位外国经济学家所言：免费本身就是忽略成本的，不像商品需要对成本与价格进行核算。同样是免费，国内推出免费赠品多是为了做广告，广告支出亦是商品成本之一，既为成本，厂家和商家就会将其支出压到最低程度；而国外的赠品多为试用品，试用品必然会以高质量先占据客户的购买意识（当然前面提到的那块免费手表是为了强化公民的环保意识而非商业用途，故不在此列）。所以那些免费使用的商品及试用品，不过是商家为了推销产品而付出的投资。

当然在现实社会中，生活的网络并非均由利益链织成。譬如义务教育的免费是对公民享有平等教育权利的承认，社会公共设施的免费开放是对政府人性化执政和文明社会中社会福利的体现。可以肯定的是，这类"免费"是有别于那些为了促销商品而推出的"免费使用"行为的，但是这也并不是真正意义上的免费，因为这笔由政府代行支出的费用其实最终还是由纳税人买单的。

真正免费的东西应该是无价的。但是，无价之物不一定都可以无偿支取，譬如朋友要用心去交往，尊严要用品格来换取……真正免费的东西绝不是用金钱购买或简单交换就可以获得的。比如生命是免费的，父母的养育之恩固然应当报答，但不管我们长大后是否愿意报答这种养育之恩，我们已经先"预支"了生命。所以不妨将生命视为一种无价的礼物，我们需要的是用短暂的一生去登上一个自己满意的高度，这才对得起这趟来之不易的生命旅程。

免费的标牌四处林立，我们得弄清楚什么是另计成本，什么是间接付费，什么才是真正的免费。天下没有白吃的午餐，午餐的意义在于果腹，而真正豪华的宴席是使我们的心灵更充实更纯净，我觉得，这宴席应当是免费的。

"孝子"与"面子"

赵 威

我们中国人是离不了"面子"的。可是，至今没有一位学者能给出"面子"的科学定义。"面子"到底是什么？

我参加老人的丧事不止一次了。各色人等都会在此时通过生动的"表演"清楚地告诉你，什么是"面子"。

比如，若仙逝老人的子女众多，则不论儿子们在老人生前是否孝顺，此时一律称"孝子"。在送灵的路上，哪个"孝子"号得最响，惹得街坊邻居夸赞，这便很有"面子"。丧亲之痛，无可非议。不巧的是，哭得声音最小的儿子，往往是在老人生前最孝顺的人。该做的都做了，心中无愧无憾。长子虽不一定是最孝顺的，但捧遗照，走在送灵队伍最前头的一定要是他，否则，那会使他很"没面子"！

在"面子"的作用下，就有这种怪现象：一天某人向单位请假，理由是某某的父亲去世，他要去"帮忙"。帮什么忙呢？其实，就是在悼念者较少的情况下，去给某某捧场。人越多，越显得死者生前德高望重（怪不得叫作"帮忙"，而不叫哀悼呢）。可实际上，"帮忙"者甚至不知道死者叫什么名字。杂活儿是不用干的，还全天包饭。如是，某某得到了很大的"面子"，而"帮忙"者受到主人的邀请，他很有"面子"。双方都有"面子"，不亦乐乎？前来哀悼的亲朋所送的礼钱，事后，也是要如数退还的。而当初只是为了将送礼钱的人名和数目大大地写在墙上——好看！因为这样会使主人家很有"面子"！

从农村来的悼念者的表演尤其精彩。一进灵堂，便硬硬地倚在遗体旁，很有造型地一手反掩着脸大号："您走了，我叫谁呀！"这"哭词"多么含蓄而讲究修辞呀，很像是从哪段秦腔中拿来的呢。在主人家的指点下，一哭完，就到里屋去剪白花，和投机的人热乎乎地拉起家常来了，与方才判若两人。她哭得越响，就越是向外人表现死者生前是多么受人爱戴，于是主人家就有了"面子"。

我坐在灵堂中，听着只有一墙之隔的热闹，不寒而栗。再凝视逝者的遗像，就很想哭，却又哭不出来，于是就想笑，真的很想笑。想笑世人为了"面子"而甘愿扮演的君子和小丑，想笑他们未意识到的"有所失"。他们得到的"面子"是什么东西呢？有了"面子"，不会改变日月的旋转运行；没了"面子"，亦不会影响人们的吃喝拉撒。"面子"本是无所谓的，事物的本质和发展并不会因为"面子"而改变，但我们中国人却总也不会丢掉它。它是一件神奇的"礼服"，在适当的时机穿上它，能为我们掩饰虚伪和欺骗。但为此，我们也丢掉了正直与真诚。

西方人不懂"面子"，于是在这方面就比较务实。西方一位哲人就说过，在你朋友活着的时候，把你的鲜花和赞美送给他吧！

什么时候，我们也能做到呢？

高　度

彭祥悦

　　身处于日趋物化而浮躁的现代社会，你是否也有过这样的感受：精神的高度逐渐被物质化了，地位名望、身家财富的积聚一样可以让庸夫平地而起，灵魂的高度却日渐"缩水"，不再是"敬佩"的唯一标杆……

　　真正的高度究竟居于何处？

　　一间斗室，一方天窗，简朴的隐者处所成就了塞林格的一方小天地。与他同时代的青年可以大肆赞叹《麦田里的守望者》，可他们却不清楚这部巨著的作者是否仍健存于人世。从揭穿、批评追崇者的虚假专访，到一纸诉状递至最高法院，要求禁止《塞林格传记》的出版，这位享誉世界的隐者一直游离在公众与镜头的视线之外。或许频繁地受访与报道可以将他推到更耀眼的高度，或者不断地出现在世人眼前可以为他带来更可观的收益，可是他从未迈出心灵的门外。深谙"一个作家一旦成为新闻人物将无疑是场灾难"的他始终秉持着精神的高度，怀揣着不受俗世侵染的心。财富并未眷顾于他，而历史的钻刀却将他的名字镌刻于华梁之上。

真正的高度并非物质方面单纯的优渥，而是栖居于心间一盏不灭的明灯，是精神与灵魂矗立的高度。

炫目的灯光迷乱了世人的目光，而本应端坐其下的人却不见了踪影。美国著名演员葛丽泰·嘉宝一定是深切地体会到了一个人静默的乐趣，远远胜过万千瞩目的汇聚。她本该享有光辉与赞美，本该在人群、鲜花及掌声中展露笑颜；可是频频的闪光没能将她挽留住。或许在许多人看来，游离于镜头焦点之外的生活毫无光彩可言，但她却因此将自己的名字烙印在了世人心中。

真正的高度并非水银灯下的熠熠星光，而是淡雅如云的放手；不拘于名利的枷锁，换得一方净土的永恒。

当我看到那幅曾经饱受非议的面容沉浸在泪光与幸福中，一颗心也不免收紧而动容。奥蒂丽亚·捷德杰泽扎克，这位曾经的世界冠军在用金牌为白血病儿童换得救助之时，一定不曾后悔过，因为即使是举国上下的一致批评与误解都没有让她放弃精神的高度。奥运金牌固然贵重，那一百枚满载童心与真情的"纸金牌"又何尝不令人动容。

真正的高度不是物质与名利奢华的享受，而是在误解的逆袭中不会倒下的精神力量。

　　"山不在高，有仙则名。"外在的一切并不是决定高度的绝对因素。真正的高度，亦非虚名浮荣垒筑的万丈高台，而是扶持灵魂，立于心间的精神的丰碑；让你即便埋没于乌云之中，亦能扬起笑靥，绽放一个阳光般灿烂的微笑。